중국어 어법 가이드

에듀컨텐츠·휴피아
Educonents·Huepia

【 목 차 】

Unit 1. 一个人、两只狗 ·· 3
Unit 2. 我叫王秋华 ·· 7
Unit 3. 这两杯茶、那些杯子 ·· 13
Unit 4. 他早上七点二十五分起床 ·· 21
Unit 5. 百货公司在车站旁边 ·· 31
Unit 6. 以前、以后、的时候 ·· 39
Unit 7. 你想吃什么? ·· 43
Unit 8. 怎么 ·· 53
Unit 9. 他们是哪国人? ·· 59
Unit 10. 一杯咖啡多少钱? ·· 69
Unit 11. 동태 조사 了 ·· 71
Unit 12. 동태 조사 着 ·· 81
Unit 13. 동태 조사 过 ·· 89
Unit 14. 어기 조사 了 ·· 95
Unit 15. 快 ~了 ·· 99
Unit 16. 어기 조사 的 ·· 103
Unit 17. 형용사 중첩 ·· 107
Unit 18. 부사 在 ·· 119
Unit 19. 부사 就, 才 ·· 123
Unit 20. 부사 多, 少 ·· 133

Unit 21. 부사 快, 慢 ·· 135
Unit 22. 都 ·· 139
Unit 23. 到 ······ 去 ·· 147
Unit 24. 博物馆离这里远不远? ··· 157
Unit 25. 동사, 개사 在 ·· 161
Unit 26. 又······又······ ·· 167
Unit 27. 她一有机会就练习汉语 ··· 173
Unit 28. 有的······有的······一边······一边······ ······························ 181
Unit 29. 还是 또는 或者 ·· 183
Unit 30. 这双鞋有大一点的? ·· 187
Unit 31. 越来越   越······ 越 ··· 197
【연습문제 정답】·· 203

중국어 어법 가이드

성시훈 ◆ 著
(배화여자대학교 글로벌 커뮤니케이션과 중국어전공)

에듀컨텐츠·휴피아
CH Educontents·Huepia

Unit 1. 一个人、两只狗

一个人 한 사람　　两只狗 개 두 마리　　三块蛋糕 케이크 세 조각
　yí ge rén,　　　liǎng zhī gǒu,　　　sān zhāng dàngāo,

四辆车 차 네 대　　五本书 책 다섯 권　　六片饼干 과자 여섯 개
　sì liàng chē,　　　wǔ běn shū,　　　liù piàn bǐnggān,

七张纸 종이 일곱 장　　八支笔 펜 여덟 자루
　qī zhāng zhǐ,　　　　bā zhī bǐ

※ 수사 + 양사 + 명사

1. 명량사

중국어의 많은 명사는 각 명사에는 그 명사에만 쓰이는 일정한 양사가 있다.

형식 : 수사 + 양사 + 명사

一 + 个 + 人 사람　　孩子 아이　　哥哥 형　　妹妹 여동생
yì　 ge　rén　　　　háizi,　　　gēge,　　　mèimei,

东西 물건　　球 공　　钱包 지갑　　苹果 사과
dōngxi,　　qiú,　　qiánbāo,　　píngguǒ,

地方 지역　　国家 나라　　城市 도시
dìfāng,　　　guójiā,　　　chéngshì

问题 문제   消息 소식
　wèntí,　　xiāoxi

位 분　先生 선생님　小姐 아가씨　客人 손님
wèi　　xiānsheng,　　xiǎojiě,　　kèrén

一位先生 남자 한 분　两位小姐 여자 두 분
yí wèi xiānsheng,　　liǎng wèi xiǎojiě

一个面包 빵 한 개　一片面包 빵 한 조각
yì ge miànbāo,　　yí piàn miànbāo

一包饼干 과자 한 봉지　一片饼干 과자 한 개
yì bāo bǐnggān,　　yí piàn bǐnggān

一件衣服 옷 한 벌　一件事 일 하나
yí jiàn yīfu,　　yí jiàn shì

一条裤子 바지 한 벌　一条河 강 한 줄기　一条鱼 생선 한 마리
yì tiáo kùzi,　　yì tiáo hé,　　yì tiáo yú

一双袜子 양말 한 켤레　一双手 손　一双脚 발
yì shuāng wàzi,　　yì shuāng shǒu,　　yì shuāng jiǎo

个(gè) 명, 개

※ 사용범위가 넓은 양사로 전용 양사가 없는 사물에 많이 쓴다.

人 사람　问题 문제　朋友 친구　名字 이름　学生 학생
rén,　　wèntí,　　péngyou,　　míngzi,　　xuésheng

本 몇 권
  běn

书 책   词典 사전   杂志 잡지
 shū,   cídiǎn,   zázhì

把 : 몇 개   椅子 의자   刀 칼   雨伞 우산
 bǎ   yǐzi,   dāo,   yǔsǎn
※ 손잡이가 있는 명사.

张 : 桌子 탁자   纸 종이   票 표   照片 사진   名片 명함
zhāng, zhuōzi,   zhǐ,   piào,   zhàopiàn,   míngpiàn
※ 평면 또는 일부 평면이 있는 물건.

辆 : 몇 대   汽车 자동차   自行车 자전거
 liàng   qìchē,   zìxíngchē

口 : 명   三口人 세 식구
 kǒu,   sān kǒu rén

※ 가족이나 인구를 셀 때 사용한다.

封 : 몇 통   信 편지
 fēng,   xìn

节 : 시간   课 수업
 jié,   kè

只 : 마리   鸡 닭
 zhī,   jī

朵 : 송이　花 꽃 한 송이
　duǒ,　　　huā

支 자루　一支笔 연필 한 자루
　zhī,　　　yì zhī bǐ

瓶 병　一瓶酒 술 한 병
　píng,　　　yì píng jiǔ

顿 끼　一顿饭 밥 한 끼
　dùn,　　　yí dùn fàn

2. 집합 양사

※ 쌍으로 이루어진 명사를 세는 단위를 말한다.

副 같은 종류 : 眼镜 안경　耳环 귀걸이
　fù　　　　yǎnjìng,　ěrhuán

对 다른 종류 : 夫妇,　夫妻 한 쌍의 부부
　duì　　　　fūfù,　fūqī

双 두 개가 짝인 물건 : 鞋 신발　袜子 양말　筷子 젓가락
　shuāng　　　　　　xié,　　wàzi,　　kuàizi

Unit 2. 我叫王秋华

Unit 2-1. 姓、叫、是

她姓王，叫秋华。 그녀는 성은 왕, 이름은 치우화입니다.
Tā xìng Wáng, jiào qiūhuá

她叫王秋华。 그녀는 왕치우화입니다.
Tā jiào Wáng qiūhuá

王秋华是中国人。 왕치우화는 중국인입니다.
Wáng qiūhuá shì zhōngguórén

她是医生。 그녀는 의사입니다.
Tā shì yīshēng

他姓 White，叫 Kein。 그의 성은 와이트, 이름은 케인입니다.
Tā xìng White jiào Kein

他叫 Kein White。 그를 케인 와이트라고 부릅니다.
Tā jiào Kein White

他是 Kein White。 그는 케인 와이트입니다.
Tā shì Kein White

Kein White 是英国人。 케인 와이트는 영국인입니다.
Kein White shì Yīngguórén

他是警察。 그는 경찰입니다.
Tā shì jǐngchá

U 2-1. 姓、叫、是 중 맞는 골라 적으세요.

예 : 他(是) 中国人。 그는 중국인이다.
Tā (　　) Zhōngguórén

1. 他 (　　) 老师　그는 선생이다.
Tā (　　) lǎoshī

2. 秋华 (　　) 王。 치우화의 성은 왕이다.
Qiūhuá (　　) Wáng

3. 我 (　　) 李大明。 나는 리다밍이라고 부른다.
Wǒ (　　) Lǐdàmíng

4. 她 (　　) 法国人。 그녀는 프랑스 사람이다.
Tā (　　) Fǎguǒrén

5. 他 (　　) 张先生。 그를 장 선생이라 부른다.
Tā (　　) Zhāng xiānsheng

Unit 2-2. 姓、叫、是、不是

A: 秋华姓王吗? 치우화는 성이 왕 씨야?
Qiūhuá xìng Wáng ma?

B: 是, 她姓王。 맞아, 성이 왕 씨야.
Shì, tā xìng Wáng

A: 王小姐是老师吗? 왕샤오지에는 선생님이야?
Wáng xiǎojie shì lǎoshī ma?

B: 不(是), 她不是老师, 她是医生。
Bú shì, tā bú shì lǎoshī, tā shì yīshēng
아니, 그녀는 선생이 아니야. 그녀는 의사야.

他姓 White。 그의 성은 와이트야,

A: 他姓 White吗? 그는 성은 와이트야?

B: 是他姓 White。 그의 성은 와이트야.

他叫 Kein。 그는 케인이야.

A: 他叫 Jack 吗? 저 사람이 잭이야?

B: 不, 他不叫Jack。 아니, 그는 잭이 아니야.

他是英国人。 그는 영국인이야.
Tā shì Yīngguórén

A: 他是英国人吗? 그는 영국인이야?
Tā shì Yīngguórén ma?
B: 是, 他是英国人 맞아 그는 영국인이야.
Shì, tā shì Yīngguórén

他是警察。 그는 경찰이야
Tā shì jǐngchá

A: 他是老师吗? 그 사람 선생이야?
Tā shì lǎoshī ma

B: 不, 他不是老师。 아니, 그는 선생이 아니야.
Bù, tā bú shì lǎoshī ma

U 2-2. 대화를 완성하세요.

1. 你好!
我( ) Kein White。

2. 你好!我( )王。
我( )王秋华。

3. Kein, 你( )美国人( )?

4. ( ), 我 ( )美国人。我是英国人。

5. 请问, 你 ( )美国人 ( )?

6. 不, 我 ( ) 王, 我 ( )林。我 ( ) 医生, ( )老师。

Unit 2-3.

她姓王，不姓李。 그녀의 성은 왕이야. 이가 아니야.
Tā xìng wáng, bú xìng lǐ

她叫秋华。 그녀는 치우화라고 불러,
Tā jiào Qiūhuā

王小姐叫秋华，不叫秋月。
Wáng xiǎojiě jiào Qiūhuá, bú jiào Qiūyuè
왕샤오지에 이름은 치우화야, 치우위에는 아니야.

她是王秋华，不是李美华
Tā shì Wáng qiūhuá, bú shì Lǐ měihuá
그녀는 왕 치우화야, 리메이화는 아니야.

她是王小姐，不是林太太。
Tā shì Wáng xiǎojiě, bú shì Lín tàitai
그녀는 왕 샤오지에야, 린 타이타이가 아니야.

她是医生。王秋华是医生，不是老师。
Tā shì yīshēng. Wáng qiūhuá shì yīshēng, bú shì lǎoshī
그녀는 의사야. 왕 치우화는 의사지, 선생이 아니야.

U 2-3. 叫、是를 이용하여 대화를 완성하세요.

Kein White。英国人。警察

예 他(叫 / 是) Kein White。

1. Kein White(　　)英国人。

2. A: 他（　）警察（　　）?
   B: （　　）, 他(　　)警察。

3. A: 他(　　)Mr, Black 吗?
   B: （　　）, 他（　　）Mr, Black , 他(　　)White。

Unit 3. 这两杯茶、那些杯子

Unit 3-1. 这　这些　那　那些

这一件衣服 이 옷 한 벌　　这件衣服 이 옷
zhè yí jiàn yīfu　　　　　zhè jiàn yīfu

那一双鞋子 저 양말 한 벌　　那双鞋子 저 양말
nà yì shuāng wàzi　　　　nà shuāng wàzi

这六本书 이 책 여섯 권　　这些书 이 책들
zhè liù běn shū　　　　　zhè xie shū

那五枝笔 저 볼펜 5자루　　那些笔 저 볼펜들
nà wǔ zhī bǐ　　　　　　nà xie bǐ

U 3-1 적당한 곳에 这　这些　那　那些를 써 넣으세요.

예: (这)本书 이 책　　(那些)书 저 책들
　　zhè běn shū　　　nà xie shū

1. (　　)双袜子　저 양말
   (　　)shuāng wàzi

2. (　　) 笔　이 볼펜들
   (　　)bǐ

3. (   )只小狗 이 강아지
(   )zhǐ xiǎogǒu

4. (   )衣服 저 옷들
(   )yīfu

☞ 지시 대사

사람이나 사물을 대신 가리키는 단어를 말한다.

1) 종류

가리키는 대상	가까운 것	먼 것
사람이나 사물	这 (zhè) 이것 这些(zhè xie) 이것들	那 (nà) 저것 那些(nà xie) 저것들
장소	这儿(zhèr) 이곳 这里 (zhèli)	那儿(nàr) 저곳 那里 (nàli)
시간	这时(zhèshí) 이때	那时(nàshí) 저 때
행동·상태·정도	这么(zhème) 这样 (zhèyàng) 这么样 (zhèmeyàng) 이렇게	那么(nà me) 那样 (nàyàng) 那么样(nàmeyàng) 저렇게

2) 지시 대사의 용법

(1) 这/那는 단독으로 쓸 수 있으며 주로 주어로 쓰인다. 대부분 是가 동사로 쓰인다.

那是我哥哥。 저 사람이 내 형이야.
Nà shì wǒ gēge.

(2) 양사와 같이 명사를 수식한다. 명사를 직접 수식할 수도 있으나 양사가 생략된 것으로 간주한다.

형식: 这/那 + (양사) + 명사

这本书我看过。 이 책 난 읽었어.　　　这(本)书我看过。
　Zhè běn shū wǒ kàn guò　　　　Zhè (běn) shū wǒ kàn guò

(3) 방식을 나타낸다.

동사 앞에서 부사어로 쓰여 방식을 나타낸다.

형식: 这么(zhème) / 那么(nà me) + 동사

就这样办吧! 그럼 이렇게 처리하자.
　Jiù zhèyàng bàn ba.

你像我这么骑车就对了。 너는 나처럼 이렇게 자전거를 타면 된다.
　Nǐ xiàng wǒ zhème qí chē jiù duì le.

(4) 정도를 나타낸다.

형식: 这么(zhème) / 那么(nà me) + 형용사나 심리동사

没想到, 她写汉字写得那么好。
Méi xiǎng dào, tā xiě hànzi xiě de nàme hǎo.
그녀가 한문을 그렇게나 잘 쓸 줄 생각지도 못했다.

几年不见, 你都长那么高了。 몇 년 못 본 사이, 정말 많이 컸구나.
Jǐ niān bú jiàn, nǐ dōu zhǎng nàme gāo le.

(5) 인칭 대사와 일반명사 뒤에서 쓰여 장소를 나타낼 수 있다.

来、去、在 등의 동사 뒤에는 장소를 나타내는 단어가 목적어로 쓰인다.
이런 단어 뒤에 인칭 대사가 일반명사가 올 때 뒤에 这儿， 那儿을 붙이면 장소를 나타낼 수 있다.

我的电脑没带来，放在朋友那儿了。
Wǒ de diànnǎo méi dài lái, fàng zài péngyou nàr le.
내 컴퓨터를 안 갖고 왔어, 친구 네 두고 왔어.

明天你们都去我那里玩。 내일 여러분들이 나 있는 곳에서 놀러 와.
Míngtiān nǐmen dōu qù wǒ nàli wán.

Unit 3-2. 수량사

一个杯子 컵 한 개   两杯啤酒 맥주 두 잔
  yī ge bēizi   liǎng bēi píjiǔ

一个瓶子 병 한 개   三瓶汽水 사이다 세 병
  yī ge píngzi   sān píng qìshuǐ

三个碗 세 공기   一碗饭 밥 한 공기
  sān ge wǎn   yì wǎn fàn

两个盘子 접시 두 개   一盘青菜 채소 한 접시
  liǎng ge pánzi   yì pán qīngcài

一杯水 물 한 잔   一瓶水 물 한 병
  yī bēi shuǐ   yì píng shuǐ

五枝笔 볼펜 다섯 자루   两种笔 두 종류의 볼펜
  wǔ zhī bǐ   liǎng zhǒng bǐ

☞ 양사
중국어의 양사는 명량사와 동량사로 나눈다. 명량사는 사람이나 사물을 세는 단위이고 동량사는 동작의 횟수를 세는 단위이다.

1. 명량사

1) 중국어의 많은 명사는 각 명사에는 그 명사에만 쓰이는 일정한 양사가 있다.

형식: 수사 + 양사 + 명사

一个人　　　两本书　　　三棵树　　　一斤肉
yí ge rén,　liǎng běn shū,　sān kē shù,　yì jīn ròu
한 명　　　책 두 권　　나무 세 그루　고기 한 근

2) 小时、天、星期、月、年의 용법
xiǎoshí, tiān, xīngqī, yuè, nián

一天　○　　一年　○　　一个月　○　　一个小时　○　　一个星期　○
yì tiān,　　yì nián,　　yí ge yuè,　　yí ge xiǎoshí,　yí ge xīngqī

一个天　×　一个年　×　一月　×　　一小时　○　　一星期　○
yì ge tiān,　yì ge nián,　yí yuè,　　yí xiǎoshí,　yí xīngqī
하루　　　　일 년　　　한 달　　　한 시간　　　일주일

※ ① 钟头와 小时
　　zhōngtóu, xiǎoshí

형식: 수사 + 个 + 钟头

※ 반드시 양사 个를 써야 한다.

一个钟头　한 시간
yí ge zhōngtóu

형식: 수사 + (个) + 小时

※ 个를 쓰지 않아도 된다.

3) 차용 명량사

형식: 수사 + 명사 + 명사

명사에서 빌려와서 사물의 양을 나타낸다.

一杯水 물 한 컵,　　一碗饭　밥 한 그릇
　yì bēi shuǐ,　　　　yì wǎn fàn

4) 些 나 点儿 은 소량을 나타낸다. 点儿 이 些 보다 더욱 적다.
些 〉点儿

형식: 一些 + 명사　　　一点儿 + 명사

一些书 책 약간　　一点儿水　물 조금
　yì xiē shū　　　　yì diǎnr shuǐ

5) 수량사 앞에 지시 대사 와 의문 대사가 올 때 수사 一 는 생략할 수 있다.
형식: 대사 + (一) + 양사 + 명사

(1) 일반 양사 앞의 一 는 생략할 수 있다.

这(一)个孩子很聪明。　이 아이는 똑똑하다.
Zhè (yí) ge háizi hěn cōngmíng.

哪(一)本书是你的?　어느 책이 네 꺼야?
Nǎ yì běn shū shì nǐ de?

(2) 부정 양사 앞의 一를 생략할 수 있다.

我有(一)些书。 나는 책이 좀 있다.
Wǒ yǒu yì xiē shū.

他有(一)些錄影带。 그는 비디오 테입이 좀 있다.
Tā yǒu yì xiē lùyǐngdài.

에듀컨텐츠·휴피아
CH Educoments Huepia

Unit 4. 他早上七点二十五分起床

Unit 4-1.

两点钟　两点整　2시, 2시 정각
liǎng diǎn zhōng, liǎng diǎn zhěng

九点三十(分)、 九点半　9시 30분, 9시 반
jiǔ diǎn sān shí fēn, jiǔ diǎn bàn

十点十五分、 十点一刻　10시 15분
shí diǎn shí wǔ fēn, shí diǎn yí kè

十点五分、 十点零五分　10시 5분
shí diǎn wǔ fēn, shí diǎn líng wǔ fēn

十点五十五分、 差五分十一点　10시 55분, 5분 전 11시
shí diǎn wǔ shí wǔ fēn, chà wǔ fēn shí yī diǎn

☞ 시각을 나타내는 방법

(1) 시각은 点 (diǎn)、分 (fēn)、秒 (miǎo)로 나타낸다.

형식　点　시　　点、分　시 분　　点、分、秒　시 분 초

8:00　八点　bā diǎn

8:05　八点(零)五分　bā diǎn (líng) wǔ fēn

8:25 八点二十五(分)　bā diǎn èr shí wǔ (fēn)

46分(30秒) 四十六分(三十秒)　sì shí liù fēn (sān shí miǎo)

※
① 정각일 때는 点(diǎn)을 点钟(diǎn zhōng)이라고 말해도 된다.

八点 ○　　八点钟　8시 정각 ○
bā diǎn　　bā diǎn zhōng

八点二十五(分) ○　八点钟二十五(分)　×
bā diǎn èr shí wǔ fēn

② 십분 이내는 零 (líng)…分 (fēn)　이나　零 (líng)… 또는 …分 (fēn)으로 표시하며 십분이 지나면 分 (fēn)을 생략해도 된다.

八点零五分　　　＝ 八点零五　　＝ 八点五分　8시 5분
bā diǎn líng wǔ fēn,　bā diǎn líng wǔ,　bā diǎn wǔ fēn

八点十二(分)　8시 12분
bā diǎn shí èr (fēn)

(2) 刻 (kè)、半 (bàn)、差 (chà)의 용법

8:15　现在是八点一刻。
　　　Xiànzài shì bā diǎn yí kè.

8:30　现在是八点半。
　　　Xiànzài shì bā diǎn bàn.

8:55　现在是差五分九点/九点差五分
　　　Xiànzài shì chà wǔ fēn jiǔ diǎn, jiǔ diǎn chà wǔ fēn.

8:45 现在是差一刻九点 / 八点四十五分 / 八点三刻
Xiànzài shì chà yí kè jiǔ diǎn, bā diǎn sì shí wǔ fēn, bā diǎn sān kè.

※ 몇 시 몇 분 전:

형식: 差(chà) ~分(fēn) ~点(diǎn)
= ~点(diǎn) ~差(chà) 分(fēn)~

U 4-1. 중국어를 보고 몇 시 몇 분인지를 적으세요.

예: 三点五十五分 → 3:50

1. 差五分五点 → (   )

2. 六点半 → (   )

3. 十一点过八分 → (   )

4. 差两分四点 → (   )

5. 七点一刻 → (   )

☞ 10분 이내일 때 X ＜ 10

1) 七点过 X 分 = 七点零 X 分

7:05 = 七点过五分   七点点零五分

2) 差 X 分 七点 = 七点 差 X 分

6:55 差五分七点   七点差五分十

정각이 좀 넘었을 때   3시와 4시 사이

三点 〈 X 〈 四点   三点多
3시   4시   3시 넘게

八点 〈 X 〈 九点   八点多
8시   9시   8시 넘어

Unit 4-2.

几分钟?   五分钟。 몇 분 동안? 5분 동안
jǐ fēnzhōng, wǔ fēnzhōng

几个钟头?   几(个)小时? 몇 시간 동안?
jǐ ge zhōngtóu? jǐ ge xiǎoshí

三个钟头。   三(个)小时。 3시간 동안
sān ge zhōngtóu, sān ge xiǎoshí

三十分钟   30분 동안
sān shí fēnzhōng

半个钟头   半(个)小时   30분 동안,
bàn ge zhōngtóu, bàn ge xiǎoshí

一个钟头十分钟 1시간 10분   一(个)小时十分钟 1시간 10분
yì ge zhōngtóu shí fēnzhōng   yì ge xiǎoshí shí fēnzhōng

五分多钟　5분 넘게
wǔ fēn duō zhōng

二十几分钟　　　二十多分钟　10분 넘게
èr shí jǐ fēnzhōng,　èr shí duō fēnzhōng

两个多钟头　　　　两个多小时　두 시간 넘게
liǎng ge duō zhōngtóu,　liǎng ge duō xiǎoshí

十几个钟头　　　十多个小时　10시간 넘게
shí jǐ ge zhōngtóu,　shí duō ge xiǎoshí

☞ **시간을 나타내는 방법**

(1) 짧은 시간을 나타내는 법

형식: …小时 (xiǎoshí)
　　　…小时 (xiǎoshí) …分钟 (fēnzhōng) … 秒 (miǎo)

汉语课，上了两个小时　중국어 수업을 두시간 했다.
Hànyǔ kè, shàng le liǎng ge xiǎoshí.

给妈妈打电话:打了一刻钟 / 十五分钟
Gěi māma dǎ diànhuà : dǎ le yí kè zhōng / shí wǔ fēnzhōng.
엄마에게 전화를 했다.　15분 동안 통화했다.

休息十分钟　십분간 휴식
Xiūxi shí fēnzhōng

他跑一圈用了一分十二秒　그는 한 바퀴 뛰는데 1분 12초 걸린다.
Tā pǎo yì quān yòng le yì fēn shí èr miǎo.

(2) 긴 시간을 나타내는 방법

早上(zǎoshàng) 아침,　上午(shàngwǔ) 오전
中午(zhōngwǔ) 정오,　下午(xiàwǔ) 오후
晚上(wǎn shàng) 저녁　星期(xīngqī) 주
月(yuè) 월,　年(nián) 년

上课: 上了一上午 / 四个小时。
shàng kè: shàng le yí shàngwǔ / sì ge xiǎoshí.
수업하다: 오전동안 수업하다, 4시간 수업하다.

放假: 放七天假 / 一个星期假。
fàng jià: fàng qī tiān jià, yí ge xīngqi jià.
휴가를 가다: 7일 동안 휴가다. 일주일 동안 휴가다.

找工作: 找了半年 / 六个月工作。
zhǎo gōngzuò: zhǎo le bàn nián / liù ge yuè gōngzuò.
반년 동안 직장을 찾다, 6개월간 직업을 찾다.

☞ 대략적인 숫자를 나타내는 법 几 와 多

1) 几(jǐ)

(1) 几(jǐ)는 10 이하의 정해지지 않은 숫자를 나타내며 양사 앞에 쓴다.

형식: 几+ 양사 + (명사)

我买了几本书。나는 책 몇 권을 산다.
Wǒ mǎi le jǐ běn shū.

(2) 几(jǐ)는 10 앞에 쓸 수도 있고 10 뒤에 쓸 수도 있다.

형식: 几 + 十 + 양사 + 명사
형식: 十 + 几 + 양사 + 명사

来中国以后，我去了十几个城市。
Lái Zhōngguó yǐhoù, wǒ qù le shí jǐ ge chéngshì.
중국에 온 후 나는 십여 곳의 도시에 갔었다.

路上停了几十辆汽车。 길에 수십 대의 차가 주차되어 있다.
Lùshàng tíng le jǐ shí liàng qìchē.

(3) 几(jǐ)는 百, 千, 万, 亿 앞에 쓸 수 있다.

형식: 几 + (百, 千, 万, 亿) + 양사 + (명사)

这个教室可以坐几百个人。 이 교실에 수백 명은 앉을 수 있다.
Zhè ge jiàoshì kěyǐ zuò jǐ bǎi ge rén.

2) 多(duō)

(1) 多(duō)는 十、百、千、万、亿 뒤에 쓴다.

형식: 一 …… 九十 / 百 / 千 / 万 + 多 + 양사 + (명사)

中国有五千多年的历史。중국의 역사는 오천 년이 좀 넘는다.
Zhōngguó yǒu wǔ qiān duō nián de lìshǐ.

这个孩子已经十多岁了。 이 아이는 벌써 열 몇 살이다.
Zhè ge háizi yǐjīng shí duō suì le.

(2) 多는 양사와 명사 사이에서 10 이하의 숫자를 나타낸다.

형식: 一/ 二 ······ 九 + 양사 + 多+ (명사)

他们走了两个多小时。 그들이 떠난 지 두 시간이 좀 넘었다.
Tāmen zǒu le liǎng ge duō xiǎoshí.

我来北京一个多月了。 우리는 북경에 온 지 한 달이 더 됐다.
Wǒ lái Běijīng yī ge duō yuè le.

一个多月。 ○　 一个月多。 ×　　　一多个月。 ×

U 4-2. 그들이 매일 무엇을 얼마 동안 하는지 답하세요.

예: 23:00~07:** / 睡觉　shuì jiào
→ 小芳每天睡八个多钟头的觉
Xiǎofāng měitiān shuì bā ge duo zhōngtóu de jiào

→ 小芳每天睡八个多小时的觉
샤오팡은 매일 8시간 넘게 잔다.

1. 20:00~21:30 / 看电视 → 大卫每天
kàn diànshì　TV를 보다.

2. 10:00~12:00 / 画画 →玛丽每天
huà huà　그림을 그리다.

3. 08:20~09:00 / 跳舞 → 心美每天
tiào wǔ　춤을 추다.

4. 16:00~17:** / 骑自行车 → 小丁每天
　　qí zìxíngchē　자전거를 타다.

Unit 5. 百货公司在车站旁边

Unit 5-1.

他在什么地方？　그는 어디 있어?
Tā zài shénme dìfang?

他在图书馆。　그는 도서관에 있어.
Tā zài túshūguǎn

他们在哪里？　그 사람들 어디 있어?
Tāmen zài nǎli

他们在餐厅。　그 사람들 식다에 있어.
Tāmen zài cāntīng

他在家(里)。　그는 집에 있어.
Tā zài jiā(li)

他在办公室。　그는 사무실에 있어.
Tā zài bàngōngshì

小李在车子(的)前面。　샤오리는 차 앞에 있어.
Xiǎolǐ zài chēzi (de) qiánmiàn

玛丽在车子(的)后面。　메리는 차 뒤쪽에 있어.
Mǎlì zài chēzi (de) hòumiàn

蛋在盒子里。 달걀이 그릇에 있어.
Dàn zài hézi li

蛋在盒子外面。 달걀이 그릇 밖에 있어.
Dàn zài hé zi wàimiàn。

小汽车在桌子下面。 장난감 자동차가 탁자 아래 있어.
Xiǎo qìchē zài zhuōzi xiàmiàn

银行在超级市场对面。 은행은 슈퍼 맞은편에 있어.
Yínháng zài chāojí shìchǎng duìmiàn

百货公司在车站旁边。 백화점은 정거장 옆에 있어.
Bǎihuò gōngsi zài chēzhàn pángbiān

汤匙在筷子和叉子(的)中间。 스푼은 젓가락과 포크 사이에 있어.
Tāngchí zài kuàizi hé chāzi (de) zhōngjiān。

☞ 동사
동사란 사람 또는 사물의 동작·행위와 변화를 나타내는 단어이다.

1. 동사의 종류

1) 행동을 나타내는 동사

吃 먹다　喝 마시다　看 보다　买 사다　学习 배우다
chī,　　　hē,　　　kàn,　　mǎi,　　xuéxi,

参观 참관하다　考虑 고려하다　分析 분석하다
cānguān,　　　kǎolǜ,　　　fēnxī

2) 심리를 나타내는 동사

怕 무서워하다,　喜欢 좋아하다,　爱 사랑하다
pà,　　　　　xǐhuan,　　　　ài

3) 존재나 변화를 나타내는 동사

在 있다　是 이다　像 닮다　有 있다
zài,　　　shì,　　　xiàng,　　yǒu

4) 가능, 바램, 필요를 나타내는 동사

能 할 수 있다,　会 할 수 있다,　想 생각하다
néng,　　　　　huì,　　　　　　xiǎng,

2. 동사의 특징

1) 문장에서 주로 술어로 사용된다.

我有男朋友。 나는 남자친구가 있다.
Wǒ yǒu nán péngyou.

2) 동사가 관형어로 쓰일 때는 구조조사 的 (de)가 반드시 있어야 한다.

卖的书在这儿。 파는 책은 여기에 있다.
Mài de shū zài zhèr.

※ 구조 조사란 문장 구조를 나타내는 단어를 나타낸다.

형식: 관형어 + 的 + 주어 나 목적어
　　　부사어 + 地 + 술어
　　　술어 + 得 + 보어

3) 많은 동사 뒤에 목적어가 올 수 있다.

我打电话。 나는 전화를 한다.
Wǒ dǎ diànhuà.

我看电影。 나는 영화를 본다.
Wǒ kàn diànyǐng.

4) 동사 뒤에는 동태 조사 了(le), 着(zhe), 过(guò)가 올 수 있으며 동작의 상태를 나타낸다.

형식: 동사 + 了 (완료)   … 했다.
　　　동사 + 着 (지속)   … 하고 있다.
　　　동사 + 过 (경험)   … 해 본 적이 있다.

学过 배운 적이 있다.
xué guò

吃了 먹었다.
chī le

走着 걷고 있다.
zǒu zhe

5) 부사의 수식을 받을 수 있다.

不去 안 간다   就说 빨리 말해.
bú qù   jiù shuō

※ 부사는 동사, 형용사 앞에서 수식이나 제한하는 단어를 말한다.

U 5-1. 해석에 맞는 방위사를 고르세요.

예: 杯子在冰箱上面。 컵은 냉장고 위에 있다.

前面、下面、里面、旁边、后面、外面

1. 树在窗户的(　　　　)。 나무는 창문 앞에 있다.
Shū zài chuānghú de (　　　　)

2. 小狗在桌子(　　　　)。 강아지가 탁자 아래 있다.
Xiǎogǒu zài zhuōzi (　　　　)。

3. 牛奶在冰箱(　　　　)。 우유는 냉장고 안에 있다.
Niúnǎi zài bīngxiāng (　　　　)。

4. 冰箱在电视(　　　　)。 냉장고는 텔레비전 옆에 있다.
Bīngxiāng zài diànshì (　　　　)。

5. 衣服在沙发(　　　　)。 옷은 소파 뒤에 있다.
Yīfu zài shāfā (　　　　)。

6. 自行车在房子(　　　　)。 자전거는 집 밖에 있다.
Zìxíngchē zài fángzi (　　　　)。

Unit 5-2.

☞ **1. 방위 명사: 방향과 위치를 나타내는 단어를 말한다.**
단독으로 사용할 때 대부분의 방위 명사는 뒤에는 边(biān)이나 面(miàn)을 붙이고 다른 명사와 같이 사용할 때는 붙여도 되고 안 붙여도 된다.

(1) 단음절 방위 명사 (단순 방위 명사)

前 앞   后 뒤   左 좌   右 우
qián,   hòu,   zuǒ,   yòu

东 동   西 서   南 남   北 북
dōng,   xī,   nán,   běi

上 위   下 아래   内 안   外 밖
shàng, xià,   nèi,   wài

中 중간   里 안   旁 옆
zhōng   lǐ   páng

(2) 이음절 방위 명사 (합성 방위 명사)

형식: (명사) + 방위명사 + 边 / 面

里边 안에   旁边 옆에   上面 위에   下面 아래에
lǐbiān,   pángbiān,   shàngmiàn,   xiàmiàn

① 中 + 间 = 中间 중간   房子中间 집 가운데
              zhōngjiān,   fángzi zhōngjiān
② 旁 + 边 = 旁边 옆에   房子旁边 집 옆에
              pángbiān,   fángzi pángbiān

형식: 以 / 之 + 방위 명사

以上 이상　　以下 이하　　以前 이전　　以后 이후　　之内 내에　　之外 밖에
yǐshàng,　　　yǐxià,　　　yǐqián,　　　yǐhòu　　　zhīnèi,　　zhīwài

2. 방위 명사의 용법

사물을 나타내는 명사가 장소를 나타내고자 할 때는 단순 방위 명사 里나 上을 명사 뒤에 두어 장소를 나타낸다.

1) 명사: + 里 , 上

屋子里 방안에　　院子里 마당안에　　桌子上 탁자에(위에)　　书架上 책꽂이에
wūzi li,　　　　yuànzi li,　　　　zhuōzi shàng,　　　　shūjià shàng

2) 里(边)의 용법

(1) 지명을 나타내는 명사 뒤에는 쓰지 않는다.

他在中国。　그는 중국에 있다　　他在中国里　×
Tā zài Zhōngguó.

(2) 물체를 나타내는 명사 뒤에는 반드시 사용한다.

书在书包里。　책이 가방 안에 있습니다.　书在书包。　×
Shū zài shūbāo li.

(3) 장소를 나타내는 명사는 생략 가능

学校 학교　　教室 교실　　图书馆 도서관
xúexiào,　　jiàoshì,　　　túshūguǎn

U 5-2. 해석에 맞게 적당한 방위사를 연결하세요.

前面 앞   下面 아래   里面 안   旁边 옆
qiánmiàn, xiàmiàn,   lǐmiàn,   pángbiān

后面 뒤   外面 밖   中间 중간   对面 맞은 편
hòumiàn, wàimiàn, zhōngjiān, duìmiàn

예: 电视、画: 电视在画的下面。 TV는 그림 아래 있다.
　　 diànshì, huà

1. 蛋糕、冰箱(　　　　)。 케이크는 냉장고 안에 있다.
dàngāo, bīngxiāng

2. 桌子、沙发(　　　　)。 탁자는 소파 앞에 있다.
zhuōzi, shāfā

3. 报纸、桌子(　　　　)。 신문이 탁자 위에 있다.
bàozhǐ, zhuōzi

4. 小猫 、自行车(　　　　)。 고양이는 자전거 옆에 있다.
xiǎomāo,   zìxíngchē

5. 沙发、电视(　　　　)。 소파는 TV 앞에 있다.
shāfā, diànshì

6. 棒球、帽子、照片(　　　　)。 야구공은 모자와 사진 중간에 있다.
bàngqiú, màozi, zhàopiàn

Unit 6. 以前、以后、的时候

他以前住在法国，现在住在美国。
Tā yǐqián zhù zài Fǎguó, xiànzài zhù zài Měiguó
그는 이전에는 프랑스에 살았고, 지금은 미국에 산다.

以后他想搬到日本去。
Yǐhòu tā xiǎng bān dào Rìběn qù
이후에는 일본으로 이사 갈 생각이다.

三个月以前(二月)	现在五月	半年以后(十一月)
sān ge yuè yǐqián,	xiànzài wǔ yuè,	bànnián yǐhòu
3개월 이전	현재,	반년 후

毕业以前(2023年以前)	毕业(2023年)	毕业以后(2023年以后)
bìyè yǐqián	bìyè	bìyè yǐhòu
졸업 이전	졸업	졸업 이후

早上七,八点的时候,坐地铁的人很多。
Zǎoshàng qī bā diǎn de shíhou, zuò dìtiě de rén hěn duō
아침 7, 8시에 지하철을 타는 사람이 많다.

吃饭的时候,最好不要说话。
Chī fàn de shíhou, zuìhǎo búyào shuō huà
밥 먹을 때는 말을 하지 않는 게 제일 좋다.

U 6-1. 以前、以后、的时候 를 사용하여 문장을 만드세요.

예: 这个地方（　　）以前没有学校。
Zhè ge dìfāng(　　) yǐqián méi yǒu xuéxiào
이곳에 (　　) 학교가 없었다.

1. 生病（　　）应该多休息。
Shēngbìng (　　)yīngāi duō xiūxi
병이(　　) 많이 쉬어야 한다.

2. 她喜欢在睡觉（　　）洗澡。
Tā xǐhuān zài shuì jiào(　　) xǐ zǎo
그는 잠자기 (　　) 목욕을 좋아한다.

3. 小华很喜欢跳舞，她打算（　　）去美国学跳舞。
Xiáohuá hěn xǐhuān tiào wǔ, tā dǎsuàn(　　)qù Měiguó xué tiào wǔ
샤오화는 무용을 좋아하는데 그녀는 (　　) 미국 가서 무용을 배울 생각이다.

4. 三年（　　）我在法国学了半年的法文。
Sānnián (　　) wǒ zài Fǎguó xué le bàn nián de Fǎwén
삼 년 (　　) 나는 프랑에서 반년 동안 불어를 배웠다.

5. 开车（　　）要特别小心，注意看红绿灯。
Kāi chē (　　)yào tèbié xiǎoxīn, zhùyì kàn hónglǜdēng
운전(　　) 조심해야 하고, 신호등을 잘 봐야 한다.

6. 下班（　　）我想先回家换衣服，再去看电影。
Xiàbān (　　)wǒ xiǎng xiān húi jiá huàn yīfu, zài qù kàn diànyǐng
퇴근(　　), 먼저 집에 가서 옷 갈아입고, 영화를 보러 갈 생각이야.

☞ **从前　刚**

从前没有电视。　이전에는 TV가 없었다.
Cóngqiān méi yǒu diànshì

她刚来台湾。　그녀는 막 대만에 왔다.
Tā gāng lái Táiwān

本来(→ 后来)　现在

她本来不懂中文。　그녀는 원래는 중국어를 몰랐다.
Tā běnlái bù dǒng Zhōngwén

后来学了两年中文，现在她在台湾工作。
Hòulái xué le liǎng nián Zhōngwén, xiànzài tā zài Táiwān gōngzuò
나중에는 2년 동안 중국어를 배웠다, 지금은 그녀는 대만에서 일하고 있다.

에듀컨텐츠·휴피아
Educontents Huepia

Unit 7. 你想吃什么?

Unit 7-1. 什么

A: 这是什么? 이건 뭐야?
Zhè shì shénme?

B: 这是热狗。 이건 핫도그야.
Zhè shì règǒu.

A: 那是什么? 저건 뭐야?
Nà shì shénme?

B: 那是照相机。 저건 카메라야.
Nà shì zhàoxiàngjī.

A: 这是什么蛋糕? 이건 무슨 케이크야?
Zhè shì shénme dàngāo?

B: 这是水果蛋糕。 이건 과일 케이크야.
zhè shì shuǐguǒ dàngāo.

A: 你想吃什么? 너 뭐 먹고 싶어?
Nǐ xiǎng chī shénme?

B: 我想吃面包。 나 빵 먹고 싶어.
Wǒ xiǎng chī miànbāo.

A: 你要买什么?　너 뭐 사고 싶어?
Nǐ yào mǎi shénme?

B: 我要买手套。　난 장갑 사고 싶어
Wǒ yào mǎi shǒutào.

A: 你想喝什么茶?　무슨 차 마시고 싶어 ?
Nǐ xiǎng hē shénme chá ?

B: 我想喝绿茶。　난 녹차 마시고 싶어
Wǒ xiǎng hē lǜchá.

U 7-1. (　　)의 답이 나오게 什么를 사용하여 질문을 만드세요.

예: A: (你要买什么?)　너 뭐 살 거야?
　　　Nǐ yào mǎi shénme ?

　　B: 我要买(中文书)。　나는 중국어책 살 거야.
　　　Wǒ yào mǎi Zhōngwén shū .

　　A: (你要买什么书?)　어떤 책 살 거야?
　　　Nǐ yào mǎi shénme shū ?

　　B: 我要买(中文)书。　나는 중국어책 살 거야.
　　　Wǒ yào mǎi zhōngwén shū .

1. A: (　　　　　　)?
　　B: 那是(英文报纸)。저건 영어 신문이야.
　　　Nà shì Yīngwén bàozhǐ .

2. A: (   )?
   B: 我喜欢吃(牛肉)面。 나는 우육면 먹는 것을 좋아해
   Wǒ xǐhuān chī niúròumiàn．

3. A: (   )?
   B: 他打算画(他家的小猫)。그는 집에 있는 고양이를 그릴 생각이야.
   Tā dǎsuàn huà tā jiā de xiǎomāo？

4. A: (   )?
   B: 我想唱(一个简单的中文)歌。
   Wǒ xiǎng chàng yí ge jiǎndàn de Zhōngwén gē．
   나는 간단한 중국어 노래를 부를 생각이야.

5. A: (   )?
   B: 这些是(学校毕业舞会的)照片。
   Zhè xie shi xuéxiào bìyè de wǔhuì de zhàopiàn．
   이건 학교 졸업 파티 때 찍은 사진들이야.

Unit 7-2. 의문대사 + 都 / 也
의문대사 + 都 / 也 + 不 / 没

他们想吃什么？ 그들은 뭘 먹고 싶어해?
Tāmen xiǎng chī shénme?

小丁什么都想吃。 샤오딩은 뭐든지 먹고 싶어 한다.
Xiǎodīng shénme dōu xiǎng chī．

文中什么都不想吃。 원중은 아무것도 먹고 싶지 않다.
Wénzhōng shénme dōu bù xiǎng chī．

文中什么也不想吃。 원중은 아무것도 먹고 싶지 않다.
Wénzhōng shénme yě bù xiǎng chī.

※ 어법 포인트 임의의 어떤 사람이나 사물을 나타낸다.

형식: 什么、谁、哪 + 都 / 也

의문 대사가 어떤 범위 내의 모든 대상을 대신하며 같은 상황에서 예외가 없음을 나타낸다. 보편적이고 일반적임을 나타낸다.

他喜欢吃西瓜, 香蕉……。 나는 수박, 바나나 먹는 걸 좋아한다.
Tā xǐhuān chī xīguā, xiāngjiāo…….

→ 他什么水果都喜欢吃。 그는 무슨 과일이든 다 좋아한다.
Tā shénme shuǐguǒ dōu xǐhuān chī.

他很有名, 大家都认识他。 그는 유명해서, 모두 그를 안다.
Tā hěn yǒumíng, dàjiā dōu rènshi ta.
→ 谁都认识他。 누군가 그를 안다.
→ Shéi dōu rènshi tā.
这里有中国餐厅, 那里有中国餐厅。
Zhè li yǒu Zhōngguó cāntīng, nà li yǒu Zhōngguó cāntīng.
여기도 중국식당, 저기도 중국식당이 있다.

→ 哪里都有中国餐厅。 어디에나 중국식당이 있다.
Nà li dōu yǒu Zhōngguó cāntīng.

什么、谁、哪 + 都 / 也 + 不 / 没

我没买东西。 나는 물건을 사지 않았다.
Wǒ méi mǎi shénme dōngxi.

→ 我什么也没买。 나는 아무것도 사지 않았다.
Wǒ shénme yě méi mǎi.

没有人喜欢考试。 시험 보는 걸 좋아하는 사람은 없다.
Méi yǒu rén xǐhuān kǎoshì

→ 谁都不喜欢考试。 누구도 시험 보는 걸 좋아하지 않는다.
Shéi dōu bu xǐhuān kǎoshì

这几辆车不贵,那几辆车也不贵。
Zhè jǐ liàng chē bú guì, nà jǐ liàng chē yě bú guì
여기 차도 안 비싸고 저기 차도 비싸지 않다.

→ 哪辆车都不贵 어떤 차도 비싸지 않다.
Nǎ liàng chē dōu bú guì

U 7-2. 什么、谁、哪를 이용하여 문장을 만드세요.

예: 他不想买外套,也不想买衬衫。
Tā bù xiǎng mǎi wàitào, yě bù xiǎng mǎi chènshān.
그는 외투를 살 생각이 없고, 셔츠를 살 생각도 없다.

→ (他什么衣服也不想买)。 그는 아무 옷도 살 생각이 없다.
Tā shéme yīfu yě bù xiǎng mǎi.

1. 这里有银行,那里也有银行。 여기도 은행이고, 저기도 은행이다.
Zhè li yǒu yínháng, nà li yě yǒu yínháng.
→ (   )
어디나 다 은행이다.

2. 小华懂很多语言，也懂电脑，车……
Xiǎohuá dǒng hěn duō yǔyán, yě dǒng diànnǎo, chē.
샤오화는 많은 언어를 안다, 컴퓨터도 안다, 차도 ……
→ (　　　　　　　　)
샤오화는 모든 것을 다 안다.

3. 每个人都喜欢漂亮的东西。모든 사람이 예쁜 물건을 좋아한다.
Měi ge rén dōu xǐhuān piàoliang de dōngxi.
→ (　　　　　　　　)
누구나 예쁜 물건을 좋아한다.

4. 这家花店没开，那家花店也没开
Zhè jiā huādiàn méi kāi, nà jiā huādiàn yě méi kāi.
이 꽃집도 안 열었고, 저 꽃집도 안 열었다.
→ (　　　　　　　　)

5. 他爱吃巧克力蛋糕，水果蛋糕
Tā ài chī qiǎokèlì dàngāo, shuǐguǒ dàngāo

그는 초코렛 케이크를 좋아하고, 과일 케이크도 좋아하고
→ (　　　　　　　　)
그는 모든 케이크를 다 좋아한다.

Unit 7-3.

A: 电影院人多吗？　극장에 사람들이 많아?
Diànyǐngyuàn rén duō ma?

B: 电影院没有什么人。　극장에 사람들이 없어
Diànyǐngyuàn méi yǒu shénme rén.

A: 这里有几辆车? 여기 차가 좀 있어?
Zhè li yǒu jǐ liàng chē?

B: 这里没几辆车。 여기 차 별로 없어
Zhè li méi yǒu jǐ liàng chē.

A: 你有多少钱? 돈이 얼마나 있어?
Nǐ yǒu duōshao qián?

B: 我没多少钱。나 돈 별로 없어.
Wǒ méi yǒu duōshao qián.

U 7-3. 没 + 의문대사

예: 你有没有钱? (什么) 너 돈 있어?
Nǐ yǒu méi yǒu qián?

→ 我没什么钱。 나 돈 별로 없어.
Wǒ méi shénme qián.

1. 他有很多外国朋友吗? (多少) 그 사람 외국 친구 많아?
Tā yǒu hěn duō wàiguó péngyou ma?

→ (　　　　　　　　). 그는 외국 친구 별로 없어.

2. 教室里有几个学生? (几) 교실에 학생이 몇 명 있어?
Jiàoshì li yǒu jǐ ge xuésheng?

→ (　　　　　　　　). 교실에 학생 몇 명 없어.

3. 现在外面车多不多?(什么) 지금 밖에 차가 많아?
Xiànzài wàimiàn chē duō bu duō?

→ (　　　　　　　　　　). 지금 밖에 차가 별로 없어.

4. 那里有很多商店吗?（几） 거기 가게가 많아?
Nàli yǒu hěn duō shāngdiàn ma?

→ (　　　　　　　　　　). 거기 가게 몇 개 없어.

5. 这种手机多少钱?(多少) 이런 핸드폰은 얼마나 해?
Zhè zhǒng shǒujī duōshao qián?

→ (　　　　　　　　　　). 이런 핸드폰 얼마 안 해.

※ 什么 (shénme)
什么는 단독으로 사용할 때는 사물을 물어볼 때 쓴다. 명사 앞에서도 쓸 수 있으며, 사물의 성질이나 사람의 신분이나 직업을 물어본다.

A: 你要买什么? 뭐 살 거에요?
Nǐ yào mǎi shénme?

B: 苹果。사과요.
Píngguǒ.

A: 你叫什么名字? 이름이 뭐에요?
Nǐ jiào shénme míngzi?

B: 我叫玛丽。메리에요.
Wǒ jiào mǎlì.

他什么时候来? 그 사람은 언제 와?
Tā shénme shíhou lái?

※ 什么는 명사 앞에서 쓸 때 的은 필요 없다.

这是什么地方? ○   这是什么的地方? ×

에듀컨텐츠·휴피아
CH Educontents Huepia

Unit 8. 怎么

Unit 8-1.

A: 请问，这个水果中文怎么说？ 이 과일을 중국어로 어떻게 말해?
Qǐngwèn, zhè ge shuǐguǒ Zhōngwén zěnme shuō?

B: 这叫 xiāng jiāo   이건 xiāng jiāo라고 해.
Zhè jiào xiāngjiāo

A: 请问，xiāng jiāo 怎么写？ xiāng jiāo를 어떻게 써?
Qǐngwèn xiāng jiāo zěnme xiě?

B: 香蕉。 바나나
Xiāngjiāo

A: 你知不知道这种鱼要怎么做？ 이런 생선 어떻게 요리하는지 알아?
Nǐ zhī bu zhīdào zhè zhǒng yú zěnme zuò?

B: 这种鱼很容易做，怎么做都好吃。
Zhè zhǒng yú hěn róngyì zuò, zěnme zuò dōu hǎo chī
이런 생선은 하기 쉬워, 어떻게 하든 다 맛있어.

☞ 怎么는 방식과 원인을 물어본다.

형식: 怎么 + 동사/형용사

U 8-1. 怎么를 이용하여 질문을 만드세요.

예: 做ㅣ、饺子

请问, 饺子怎么做?　만두는 어떻게 만들어?
Qǐngwèn jiǎozi zěnme zuò ?

1. 念、这四个字 (超级市场)
niàn, zhè sì ge zì (chāojí shìchǎng)

请问, (　　　　　　　). 이 네 글자는 어떻게 읽어?

2. 用、这种手机
yòng, zhè zhǒng shǒujī

请问, (　　　　　　　). 이런 핸드폰은 어떻게 사용해?

3. 开、这个窗户
kāi, zhè ge chuānghu

请问, (　　　　　　　). 이 창문은 어떻게 열어?

4. 拿、筷子
ná, kuàizi

请问, (　　　　　　　). 젓가락은 어떻게 들어?

5. 唱、这首歌
chàng, zhè shǒu gē

请问, (　　　　　　　). 이 노래는 어떻게 불러?

Unit 8-2. 是……的

A: 你的车呢?你今天是怎么来的?　차는? 오늘 어떻게 왔어?
Nǐ de chē ne? nǐ jīntiān shì zěnme lá de?

B: 我今天是坐公车来的。　오늘 버스 타고 왔어.
Wǒ jīntiān shì zuò gōngchē lái de

A: 大卫是什么时候来台湾的?　데이비드는 언제 대만에 왔어?
Dàwēi shì shénme shíhou lái Táiwān de

B: 他是去年来的。　작년에 왔어.
Tā shì qùnián lái de

A: 他是从美国来的吗?　미국에서 왔어?
Tā shì cóng Měiguó lái de ma?

B: 不 , 他是从英国来的。　아니, 그는 영국에서 왔어.
Bù , tā shì cóng Yīngguó lái de

☞ 是~的 강조 구문
어떤 일이 이미 일어난 것을 알고 있을 때 시간, 방식, 장소, 목적 및 동작의 주체를 강조할 때

주어 + 是 + (~시간, 방식, 장소, 목적 및 동작의 주체) + 的

U 8-2. 아래 문장을 읽고 질문에 답하세요.

예: 王家乐上个星期跟男朋友一起坐飞机回去法国工作了。
Wángjiāle shàng ge xīngqi gēn nán péngyou yìqǐ zuò fēijī huíqù Fǎguǒ gōngzuò le
왕지아러는 저번 주 남자친구랑 함께 비행기를 타고 프랑스로 일하러 돌아갔다.

예: 王家乐从哪儿来的? 她从法国来的。
Wángjiāle cóng nǎr lái de? tā cóng Fǎguǒ lái de。
왕지아러는 어디에서 왔니? 그녀는 프랑스에서 왔어.

1. 王家乐是跟谁一起回去的? 왕지아러는 누구랑 같이 돌아갔어?
Wángjiāle shì gēn shéi yìqǐ huí qù de?

2. 他们是什么时候回去的? 그들은 언제 돌아갔어?
Tāmen shì shénme shíhou huí qù de?

3. 他们是怎么回去的? 그들은 어떻게 돌아갔어?
Tāmen shì zěnme huí qù de?

4. 王家乐是回去念书的吗? 왕지아러는 공부하러 돌아갔어?
Wángjiāle shì huí qù niàn shū de ma?

U 8-3. 是……的

「是……的」를 이용하여 답에 알맞은 질문을 만드세요.

这张照片是我2023年秋天跟心美、文英到日本看一成的时候照的,
Zhè zhāng zhàopiàn shì wǒ 2023 nián qiūtiān gēn Xīnměi、Wényīng dào Rìběn kàn Yīchéng de shíhou zhào de,

이 사진은 내가 2023년 가을 신메이와, 원잉과 일본에 이청을 보러갔을 때 찍은 사진이야.

这件衣服也是那时候买的。 이 옷도 그때 산 거야.
Zhè jiàn yīfu yě shì nà shíhou mǎi de

예: 天明是跟谁一起去日本的? 티엔밍은 누구랑 일본에 갔어?
Tiānmíng shì gēn shéi yìqǐ qù Rìběn de ?

他是跟心美、文英一起去的。 그는 신메이와, 원잉과 함께 갔어.
Tā shì gēn Xīnměi, Wényīng yìqǐ qù de

1. (   )?

他们是去看一成的。 그들은 이청을 보러 갔어.
Tāmen shì qù kàn Yìchéng de

2. (   )?

这张照片是日本照的。 이 사진은 일본에서 찍은 거야.
Zhè zhāng zhàopiàn shì Rìběn zhào de

3. (   )?

他们是2023年秋天去的。 그들은 2023년 가을에 갔었어.
Tāmen shì 2023 nián qiūtiān qù de。

4. (   )?

那件衣服是天明买的。 그 옷은 티엔밍이 산 거야.
Nà jiàn yīfu shì Tiānmíng mǎi de。

5. (   )?

那件衣服是在日本买的。 그 옷은 일본에서 산 거야.
Nà jiàn yīfu shì Rìběn mǎi de

6. (   )?

那件衣服是2023年买的。 그 옷은 2023년에 산 거야.
Nà jiàn yīfu shì 2023 nián mǎi de

Unit 9. 他们是哪国人?

Unit 9-1. 사람 소개

中山一成、	日本人、	日本老师、	喜欢看书
Zōngshān yì chéng,	Rìběnrén,	Rìběn lǎoshī,	xǐhuān kàn shū
중산 일성,	일본사람,	일본선생,	책 보는 것을 좋아함.

谢心美、	泰国人、	学生、	喜欢跳舞
Xièxīnměi,	Tàiguórén,	xuéshēng,	xǐhuān tiào wǔ
시에신메이,	태국 사람,	학생,	춤추는 것을 좋아함.

Jason Smith	美国人、	学生、	喜欢打篮球
	Měiguórén	xuéshēng	xǐhuān dǎ lǎnqiú
잭슨 스미쓰,	미국 사람,	학생,	농구를 좋아함.

A: 中山一成是哪国人? 중산일성은 어느 나라 사람입니까?
Zōng shān yì chéng shì nǎ guó rén?

B: 他是日本人。 그는 일본사람입니다.
Tā shì Rìběnrén.

A: 谢心美从哪儿来? 시에신메이는 어디에서 왔습니까?
Xièxīnměi cóng nǎr lái?

B: 她从泰国来。 그녀는 태국에서 왔습니다.
Tā cóng Tàiguó lái.

U 9-1. 다른 사람 소개

예문: 他姓中山, 叫一成, 他从日本来。
Tā xìng Zhōngshān jiào Yìchéng, tā cóng Rìběn lái.
그의 성은 중산이고, 이름은 일성입니다. 일본에서 왔습니다.

他是日本老师, 喜欢看书。
Tā shì Rìběn lǎoshī, xǐhuān kàn shū.
그는 일본어 선생님이고, 책 보는 걸 좋아합니다.

1. Jason Smith를 소개해 주세요.

他姓(　　), 叫(　　), 他从(　　)来。
Tā xìng (　　), jiào (　　), tā cóng (　　) lái.

他是(　　), 喜欢(　　)。
Tā shì (　　), xǐhuān (　　).

Unit 9-2.

A: 谢心美是不是泰国人?　시에신메이는 태국사람입니까?
Xièxīnměi shì bu shì Tàiguórén?

B: 她是泰国人。　그녀는 태국사람입니다.
Tā shì Tàiguórén.

A: 她喜欢唱歌吗?　그녀는 노래하는 것을 좋아합니까?
Tā xǐhuān chàng gē ma?

B:不，她喜欢跳舞。　아니요, 그녀는 춤추는 것을 좋아합니다.
Bù, tā xǐhuān tiào wǔ.

☞ 哪儿(nǎr)
장소를 물어볼 때 쓴다.

A:她住哪儿?　그녀는 어디 살아요?
Tā zhù nǎr?

B:她住一山。　그녀는 일산에 살아요.
Tā zhù Yìshān.

A:韩国银行在哪儿?　한국은행은 어디에 있어요?
Hánguó yínháng zài nǎr?

B:在邮局旁边。　우체국 옆에 있어요.
Zài yóujú pángbiān.

A:哪儿的书最多?　어디에 책이 제일 많아요?
Nǎr de shū zuì duō?

B:学校图书馆。　학교도서관이요.
Xuéxiào túshūguǎn.

※ 哪儿(nǎr)과 哪里(nǎli)의 뜻은 같다. 회화에서는 哪儿을 더 많이 사용한다.

U 9-2. ( )에 한 글자씩만 넣으세요.

예문: A: 谢心美是(哪)(国)(人)? 시에신메이는 어느 나라 사람입니까?
　　　　Xièxīnměi shì nǎ guó rén?

　　　B: 她是泰国人。 그녀는 태국사람입니다.
　　　　Tā shì Tàiguórén.

1. A: Jason Smith ( )( )( )( )?
　　　제이슨 스미스는 어디에서 왔습니까?

　　B: 他从美国来。 그는 미국에서 왔습니다.
　　　Tā cóng Měiguó lái

2. A: Jason Smith ( )老师吗? 제이슨은 선생님입니까?
　　　Jason Smith ( )lǎoshī ma ?

　B: 不 , 他不是老师。 아니요, 그는 선생님이 아닙니다.
　　　Bù , tā bú shì lǎishī.

3. A: 谢心美 ( )( )( )学生? 시에신메이는 학생입니까?
　　　Xièxīnměi ( )( )( )xuéshēng ?

　　B: 是 , 她是学生。 네, 그는 학생입니다.
　　　Shì, tā shì xuéshēng .

4. A: 中山一成 ( )( )( )人? 중산일성은 어느 나라 사람입니까?
　　　Zhōngshān yìchéng ( )( )( )rén ?

　　B: 他是日本人。 그는 일본사람입니다.
　　　Tā shì Rìběnrén.

Unit 9-3.

方英文、西班牙人、画家、喜欢看书
Fāngyīngwén, Xībānyárén, huàjiā, xǐhuān kàn shū
팡잉원, 스페인사람, 화가, 책보기

李天明 、西班牙人、学生、喜欢跳舞
Lǐtiānmíng, Xībānyárén, xuéshēng, xǐhuān tiào wǔ
리티엔밍, 스페인사람, 학생, 춤추기

王家乐 、法国人、法文老师、喜欢旅行
Wángjīalè, Fǎguǒrén, Fǎwén lǎoshī, xǐhuān lǚxíng
왕지아러, 프랑스사람, 불어교사, 여행

A: 谁是法国人？ 프랑스 사람이 누구야?
Shéi shì Fǎguǒrén ?

B: 王家乐。她是法国人，她从法国来。
Wángjīalè, tā shì Fǎguórén, tā cóng Fǎguó lái .
왕자러, 그녀는 프랑스 사람이고, 프랑스에서 왔어.

A: 哪一位喜欢看书？ 누가 책 보는 걸 좋아해
Nǎ yí wèi xǐhuān kàn shū ?

B: 方英文喜欢看书。팡잉원은 책보는 걸 좋아해.
Fāngyīngwén xǐhuān kànshū .

A: 哪两个人是西班牙人？ 누가 스페인 사람 사람이야?
Nǎ liǎng ge rén shì Xībānyárén?

B: 方英文和李天明。他们两个人是西班牙人。
Fāngyīngwén hé Lǐtiānmíng. Tāmen liǎng ge rén shì Xībānyárén.
팡잉원, 리티엔밍, 그들 둘이 스페인 사람이야.

☞ 의문을 나타내는 대사를 의문 대사라고 한다.

1) 谁(shéi)

사람에 대해 물어볼 때 쓴다.

A: 谁最高?　누가 제일 키가 커?
Shéi zuì gāo?

B: 2号。2번
èr hào.

A: 他是谁?　저 사람은 누구에요?
Tā shì shéi?

B: 他是老师。　저 분은 선생님이셔,
Tā shì lǎoshī.

A: 这是谁的书?　이건 누구 책이야?
Zhè shì shéi de shū?

B: 我的。　내 책이야.
Wǒ de.

2) 哪(nǎ)

의문을 나타내며 같은 종류의 사물 중에서 구체적으로 가리키는 대상을 물어본다.

형식: 哪 + 수량사
　　　 哪 + 수량사 + 명사

A: 哪两位是你的父母?　어느 분이 부모님이셔?
Nǎ liǎng wèi shì nǐ de fùmǔ?

B: 第二排中间的两位。　두 번째 줄 중간에 두분이셔.
Dì èr pái zhōngjiān de liǎng wèi.

A: 哪一本书是你的?　어느 책이 니꺼야?
Nǎ yì běn shū shì nǐ de?

B: 红色的那个。　빨간 저 책
Hóngsè de nà ge.

A: 您是哪国人?　어느 나라 분이세요?
Nín shì nǎ gúo rén?

B: 我是中国人。　중국사람이에요.
Wǒ shì Zhōngguórén

※ 의문을 나타내는 방법

是不是? 吗?

A: 心美是不是泰国人?　신메이는 태국사람이야?
Xīnměi shì bu shì Tàiguórén?

B: 是、她是泰国人。　맞아, 그녀는 태국사람이야.
Shì tā shì Tàiguórén

A: 一成是不是中文老师? 이청은 중국어 선생님이야?
Yìchéng shì bu shì Zhōngwén lǎoshī?

B: 他不是中文老师，他是日文老师。
Tā bú shì Zhōngwén lǎoshī, tā shì Rìwén lǎoshī
그는 중국어 선생이 아니야, 그는 일본어 선생님이야.

A: Jason 是英国人吗? 제이슨은 영국이야?
shì Yīngguórén ma?

B: 不，他不是英国人。他是美国人。
Bù, tā bú shì Yīngguórén, tā shì Měiguórén
아니 그는 영국인이 아니고, 미국인이야.

A: 家乐叫法文吗? 지아러는 불어를 가르켜?
jiālè jiào Fǎwén ma?

B: 是，她叫法文，她是一位法文老师。
Shì, tā jiào Fǎwén, tā shì yí wèi Fǎwén lǎoshī
응 그녀는 불어를 가리켜, 불어 선생님이야.

※ 수사가 一일 때 一는 생략한다.

U 9-3. (　)에 「谁、哪、吗、是不是、×」를 적당한 곳에 써넣으세요.

예문: 他是台湾人(吗)?　그는 대만사람이야?
Tā shì Táiwānrén ma?

1. (　)个人喜欢旅行?　어느 누가 여행을 좋아해?
(　)ge rén xǐhuān lǚxíng ?

2. 你是不是画家(　)?　당신 화가야?
Nǐ shì bu shì huàjiā (　)

3. (　)从英国来?　누가 영국에서 왔어?
(　)cóng Yīnguó lái?

4. (　)是西班牙人?　누가 스페인 사람이야?
(　) shì Xībānyárén?

5. 他 (　)(　)(　)老师?　그가 선생이야?
Tā　　lǎoshī ?

6. 你喜欢跳舞(　)?　당신 춤추기 좋아해?
Nǐ xǐhuān tiào wǔ

에듀콘텐츠·휴피아
CH Educontents Huepia

Unit 10. 一杯咖啡多少钱?

几块钱?　얼마야?
Jǐ kuài qián ?

七块钱。　칠원이야.
Qī kuài qián

多少钱?　얼마야?
Duōshao qián ?

五十三块钱。　53원이야.
Wǔ shí sān kuài qián ?

多少钱?　얼마야?
Duōshāo qián ?

三百块钱。　300원이야.
Sān bái kuài qián

※ 几 多少

X≦ 10: 几 + 양사 + 명사

你家有几个人?　집에 몇 명이 있어?
Nǐ jiā yǒu jǐ ge rén?

我家有五个人。　집에 다섯 명 있어.
Wǒ jiā yǒu wǔ ge rén

X)10 : 多少 + 양사 + 명사

你有多少朋友? 친구가 얼마나 돼?
Nǐ yǒu duōshao péngyou

我有很多朋友。 친구 여러 명 있어.
Wǒ yǒu hěn duō péngyou

U 10-1. 几 多少를 사용하여 질문을 만드세요.

예: 面包 , 多少钱? (50)   빵이 얼마에요?
　　Miànbāo duōshao qián ?

　　几个面包? 빵이 몇 개에요?
　　Jǐ ge miànbāo

1。香蕉 , (　　　　) 바나나 얼마에요? (8)
Xiāngjiāo

2。(　　　) 香蕉。 바나나 양이 얼마나 되요? (10)
xiāngjiāo

3。笔 , (　　　　)? 볼펜은 얼마에요? (150)
Bǐ

4。(　　　)笔? 몇 자루야? (7)
bǐ

Unit 11. 동태 조사 了

弟弟十点睡觉。 동생은 10시에 잔다.
Dìdi shí diǎn shuì jiào

A: 弟弟睡觉了吗? 동생은 자니?
Dìdi shuì jiào le ma?

B: 弟弟睡了。 / 弟弟已经睡了。 동생은 자, 동생은 이미 자.
Dìdi shuì le / dìdi yǐjīng shuì le

我昨天晚上看书。 나는 어제 밤 책을 봤어.
Wǒ zuótiān wǎnshàng kàn shū

A: 你看书了没有? 너 책 봤니?
Nǐ kàn shū le méi yǒu?

B: 我看书了。 / 我看了。 나는 책을 봤어. 나는 봤어.
Wǒ kàn shū le / wǒ kàn le

☞ 동사 + 了1

了는 동태조사(了1)로 상황이나 동작의 발생과 완료를 나타내며
어기조사(了2)로 상황의 변화를 나타낼 수 있다.

1. 동태조사 了

형식: 긍정형: 동사 + (목적어) + 了
　　　　　　동사 + 보어 + (목적어) + 了

부정형: 没 + 동사 / (还)没 + 동사 + …… + 呢
의문형: ……了吗 / 没有?

A: 吃了吗 / 吃了没有?　먹었니?
　　Chī le ma / méiyǒu?

B: 吃了。你呢?　먹었어. 너는
　　Chī le, nǐ ne.

A: 还没吃呢。　아직 안 먹었어.
　　Hái méi chī ne.

A: 昨天你看电影了吗 / 昨天你看电影了没有?　어제 영화 봤니?
　　Zuótiān nǐ kàn diànyǐng le ma / méiyǒu?

B: 没看。　안 봤어.
　　Méi kàn.

大卫写完了。　데이빗은 다 썼습니다.
Dàwèi xiě wán le.

尼克没写完。　닉은 다 쓰지 못했습니다.
Níkè méi xiě wán.

※
① 문장에 결과 보어가 없을 때는 동작이 일어났으나 완성되었을 수도 있고 완성되지 않았을 수도 있다.

他写作业了, 可是没写完。　그는 숙제를 했지만, 다 하지는 못했다.
Tā xiě zuòyè le, kěshì méi xiě wán.

② "(还)没 + 동사 + …… + 呢" …하려고 했으나 하지 못했음을 나타낸다.

我买了新书，他还没买呢。　나는 새 책을 샀는데, 그는 아직 사지 못했다.
Wǒ mǎi le xīn shū, tā hái méi mǎi ne.

③ 어떤 일이 발생했을 때 동작의 완성을 강조하기 위해서는 "동사 + 了 + 목적어 + 了"를 쓸 수 있다.

我吃了晚饭了，真的吃了。　나 저녁 먹었어. 정말이야.
Wǒ chī le wǎnfàn le, zhēn de chī le.

④ 동사 뒤에 결과 보어나 방향 보어가 올 때 了는 보어 뒤에 두어야 한다.

我找到了一个翻译。　나는 통역 한 명을 찾았다.
Wǒ zhǎodào le yí ge fānyì.

他买来了很多吃的。　그가 많은 먹을 것을 사왔다.
Tā mǎi laí le hěn duō chī de.

U 11-1. (   )안의 단어를 사용해서 문제에 답하세요.

예: 你昨天睡了几个钟头？(八) 너 어제 몇 시간 잤어?
Nǐ zuótiān shuì le jǐ ge zhōngtóu ?

我昨天睡了八个钟头。 나 어제 8시간 잤어.
Wǒ zuótiān shuì le bā ge zhōngtóu

1. 你喝牛奶了没有？(还没) 너 우유 마셨어?
Nǐ hē niúnǎi le méi yǒu ?

2. 小美回家了没有？(已经) 샤오메이는 집에 갔어?
Xiǎoměi huí jiā le méi yǒu?

3. 小明吃了多少饺子？(十五) 샤오밍은 만두를 몇 개 먹었어?
Xiǎomíng chī le dūoshao jiǎozi?

4. 他休息了几天？(三) 그는 몇 일 쉬었어?
Tā xiūxi le jǐ tiān ?

5. 你在北部住了几个月？(六) 그는 북부에서 몇 달이나 살았어?
Nǐ zài běibù zhù le jǐ ge yuè ?

6. 你周末去哪儿了？(都没有) 너 주말에 어디 갔었어?
Nǐ zhōumè qù nǎr le?

Unit 11-2.

A: 现在是下午两点，你午饭吃了没有？ 지금 오후 두 시 인데, 점심 먹었어?
Xiànzài shì xiàwǔ liǎng diǎn, nǐ wǔfàn chī le méi yǒu?

吃了，我吃了两个包子。 먹었어. 만두 두 개 먹었어.
Chī le, wǒ chī le liǎng ge bāozi

A: 你们写功课了没有？ 숙제했어?
Nǐmen xiě gōngkè le méi yǒu?

B: 我写了，我写了一百多个字，可是妹妹还没写。
Wǒ xiě le, wǒ xiě le yì bǎi duō ge zì, kěshì mèimei hái méi xiě
썼어. 100개 넘게 썼어. 그런데 여동생은 아직 못 썼어.

A: 你昨天到哪儿去了？ 너 어제 어디 갔었어?
Nǐ zuótiān dào nǎr qù le ?

B: 我昨天在家，哪儿都没去。 나 어제 집에 있었어. 아무 데도 안 갔어.
Wǒ zuóitiān zài jīa, nǎr dōu méi qù

A: 小芳上个月到泰国去玩了几天？
Xiǎofāng shàng ge yuè dào Tàiguó qù wán le jǐ tiān ?
샤오팡은 저번 달에 태국 가서 며칠 놀았어?

B: 她到泰国去玩了一个多星期。
Tā dào Tàiguó qù wán le yí ge duō xīngqī
태국 가서 일주일 넘게 놀았지.

☞ 1) 동작의 완성을 나타낸다.

형식: 동사 + 了 + 양사 + 목적어

我买了一本词典。 나는 사전을 한 권 샀다.
Wǒ mǎi le yì běn cídiǎn.

张老师吃了很多中药。 장선생은 한약을 많이 드셨다.
Zhāng lǎoshī chī le hěn duō zhōngyào.

※ ① 동사 + 了 동태 조사 了는 동사뒤에서 동작이 이미 완성했음을 나타낸다.

② 동사 + 了 뒤에 목적어가 올 때 목적어 앞에는 수량사나 기타 단어가 관형어로 와야 한다. 만약 관형어가 없다면 문장 끝에 어기 조사 了가 있어야만 문장을 완성할 수 있다. 어기 조사 了는 주의를 끌거나 어떤 정보를 전달할 수 있다.

我喝了一杯咖啡。 나는 커피 한잔을 마셨다.
Wǒ hē le yì bēi kāfēi.

我喝了咖啡， 나는 커피 한잔을 마시고 나서 …
Wǒ hē le kāfēi,

我喝咖啡了。 나는 커피를 마셨다.
Wǒ hē kāfēi le.

(2) 동작의 연속을 나타낸다.
형식: 동사1 了 ……(就) 동사2

我吃了饭就去学校。 나는 밥을 먹고 나서 학교에 간다.
Wǒ chī le fàn jiù qù xuéxiào.

我下了班就来这儿。 나는 퇴근 하고 나서 이곳에 온다.
Wǒ xià le bān jiù lái zhèr.

※ 동사1 + 了 + 동사2의 형식에서 了는 첫 번째 동사뒤에서 첫 번째 동작이 끝난 후 다른 동작이 연속됨을 나타낸다.

U 11-2. 동태 조사 了

다음 단어를 문법에 맞게 재배열하여 올바른 문장을 만드세요.

예: 早上、两杯茶、　喝、今天、了
zǎoshàng, liǎng bēi chá, hē, jīntiān, le

→ 我今天早上喝了两杯茶。 나는 오늘 아침 차 두 잔을 마셨다.
Wǒ jīntiān zǎoshàng hē le liǎng bēi chá

1. 美国、了、去、到、已经
Měiguó, le, qù, dào, yǐjīng
→ 他(　　　　　　　　)。 그는 이미 미국에 갔다.

2. 买、一辆新车、五月、了、去年
mǎi, yí liàng xīnchē, wǔ yuè, le, qùnián
→ 他(　　　　　　　　)。 그가 작년 5월에 새 차를 한 대 샀다

3. 玩、哪里、了、上个星期、去、到
wán nǎli le shàng ge xīngqi qù dào
→ 你们(　　　　　　　　)。 저번 주에 어디 가서 놀았어?

4. 住、半、年、两、了、在英国、小时候
zhù, bàn, nián, liǎng, le, zài Yīngguó, xiǎoshíhou
→ 我(　　　　　　　　)。 나는 어렸을 때 영국에서 2년 살았었다.

5. 了、去、月、日本、多、玩、一个
le, qù, yuè, Rìběn, duō, wán, yí ge
→ 他今年(　　　　　　　)。 그는 일본에 가서 한 달 넘게 놀았다.

Unit 11-3. 동태 조사 了

他们打了半个钟头的篮球。 그는 30분 동안 농구를 했다.
Tāmen dǎ le bàn ge zhōntgtóu de lánqiú.

他们打了半(个)小时的篮球。 그는 30분 동안 농구를 했다.
Tāmen dǎ le bàn ge xiǎoshí de lánqiú.

☞

小明昨天坐了四十分钟的车。 샤오밍은 어제 40분 동안 차를 탔다.
Xiǎomíng zuótiān zuò le sì shí fēnzhōng de chē.

小明每天坐四十分钟的车。 샤오밍은 매일 40분 동안 차를 탄다
Xiǎomíng méitiān zuò sì shí fēnzhōng de chē.

☞ 동사(+ 了1) + 수량사 / 시간사 (목적어) + 了

1) 동작이 어느 정도 완성되었거나, 얼마 동안 진행되었으며 계속 진행될 가능성을 나타낸다.

玛丽学了四个月汉语了。 메리는 중국어를 4개월째 배우고 있다.
Mǎlì xué le sì ge yuè Hànyǔ le.

他住了五年了。 그는 5년째 살고 있다.
Tā zhù le wǔ nián le.

2) 每天……了
每天이 나오면 ……了를 쓸 수 없다.

我学了两年汉语。　나는 중국어를 2년 배웠다.
Wǒ xué le liǎng nián de Hànyǔ.

我已经学了两年汉语了。　나는 벌써 중국어를 2년째 배우고 있다.
Wǒ yǐjīng xué le liǎng nián de Hànyǔ le.

他早上吃了三碗饭。　그는 아침에 밥 세 공기를 먹었다.
Tā zǎoshàng chī le sān wǎn fàn.

他已经吃了三碗饭了。　그는 벌써 밥 세 공기째를 먹고 있다.
Tā yǐjīng chī le sān wǎn fàn le.

→ 可能吃第四碗。　아마 네 공기를 먹을 것이다.
→ Kěnéng chī dì sì wǎn.

妹妹昨天写了一百个字。　여동생은 어제 글자 100개를 썼다.
Mèimei zuótiān xiě le yì bǎi ge zì

妹妹(从刚刚到现在)已经写了一百个字了。
Mèimei (cóng gānggāng dào xiànzài) yǐjīng xiě le yì bǎi ge zì le
여동생이 (아까부터 지금까지) 이미 글자 100개를 쓰고 있다.

U 11-3. 了를 이용하여 문장을 완성하세요.

예: 小华、写作业、昨天晚上、三个钟头

小华昨天晚上写了三个钟头的作业。
Xiǎohuá zuótiān wǎnshàng xiě le sān ge zhōngtóu de zuòyè
샤오화는 어제 밤에 3시간 동안 숙제를 했다.

我们、学汉语、一年多、已经

我们已经学了一年多的汉语了。
Wǒmen yǐjīng xué le yì nián duō de Hànyǔ le.
우리는 이미 1년 넘게 중국어를 배우고 있다.

1. 小芳、买新裙子、上个星期、一条
샤오팡은 저번 주에 새 치마를 한 벌 샀다.

2. 他们、讲话、已经、四十几分钟
그들은 이미 40분 넘게 이야기를 나누었다.

3. 弟弟、念书、已经、六课
동생은 이미 6과를 공부했다.

4. 他们、打篮球、今天早上、两个半小时
그들은 오늘 아침 두 시간 반 동안 농구를 했다.

5. 大明、喝茶、已经、五杯
다밍은 이미 차를 5잔 마셨다.

6. 大卫、请假、上个星期、两天
데이빗은 저번 주에 이틀간 휴가를 냈다.

Unit 12. 동태 조사 着

Unit 12-1.

灯关着。 등이 꺼져 있다.
Dèng guān zhe .

他们坐着。 그들이 앉아 있다.
Tāmen zuò zhe.

他们在聊天。 그들이 이야기를 나누고 있다.
Tāmen zài liáo tiān.

→ 他们坐着聊天。 그들이 앉아서 이야기를 나누고 있다.
Tāmen zuò zhe liáo tiān.

☞ 동사 + 着

동작의 진행이나 상태의 지속을 나타낸다.

1. 자주 쓰는 표현

1) 긍정문: 주어 + 동사 + 着
           주어 + 동사 + 着 + 목적어
 부정문: 没 + 동사 + 着
 의문문 : 동사 + 着 + 吗 / 没有?

A:门开着吗? / 门开着没有? 문이 열려있나요?
   Mén kāi zhe ma / Mén kāi zhe méi yǒu?

B: 门开着。 문이 열려 있다.
　　Mén kāi zhe.

妈妈没站着，妈妈坐着。 엄마는 서 있지 않고, 앉아 있습니다.
Māma méi zhàn zhe, māma zuò zhe

玛丽穿着裙子。 메리는 치마를 입고 있다.
Mǎlì chuān zhe qúnzi.

大卫戴着帽子。 데이빗은 모자를 쓰고 있다.
Dàwèi dài zhe màozi

※
① 상태의 지속을 나타내는 문장에서는 동작의 완성을 나타내는 了를 쓸 수 없다.
门关着了。×

② 着 뒤에 보어가 올 수 없다.
她吃着饭一个小时。×

U 12-1. 아래 단어를 이용하여 알맞은 곳에 넣으세요.

哭、 坐、 躺、 站

1. (　　)着听音乐。 서서 음악을 듣는다.
(　) zhe tīng yīnyuè.

2. (　　)着睡觉。 앉아서 잠을 잔다.
(　) zhe shuìjiào.

3. (　　)着看书。 누워서 책을 본다.
(　) zhe kàn shū.

4. (   )着找妈妈   울면서 엄마를 찾는다.
   (   )zhe zhǎo māma.

Unit 12-2.

外面下着雨。 밖에 비가 내리고 있다.
Wàimiàn xià zhe yǔ.

孩子们唱着歌。 아이들이 노래를 부르고 있다.
Háizimen chàng zhe gē.

他正在穿衬衫。 그는 셔츠를 입는 중이다.
Tā zhèngzài chuān chènshān.

→ 他穿着衬衫。 그는 셔츠를 입고 있다.
   Tā chuān zhe chènshān.

☞ 동태 조사 着와 부사 在

형식: 동사 + (着)
       在+ 동사

他们吃着饭。 그들은 지금 밥을 먹고 있다.
Tāmen chī zhe fàn

他们在吃饭。 그들은 지금 밥을 먹고 있다.
Tāmen zài chī fàn

※ 동작의 진행을 나타낸다.

3) 형용사 + 着呢

정도가 심함을 나타내며 "很(hěn)매우", "非常(fēicháng) 대단히"의 의미가 있다.

最近我忙着呢，没有时间看电影。
Zuìjìn wǒ máng zhe ne, méi yǒu shíjiān kàn diànyǐng
최근에 내가 너무 바빠서 영화 볼 시간이 없다.

3. 다음 동작의 수단이나 방식을 나타낸다.

동사1 + 着 + (목적어1) + 동사2 + (목적어2)

他坐着看报。 그는 앉아서 신문을 본다.
Tā zuò zhe kàn bào.

我们走着去吧。 우리 걸어서 가자.
Wǒmen zǒu zhe qù ba.

※ 첫 번째 동사 뒤에서 쓰여 첫 번째 동작이 두 번째 동작의 수단이나 방식임을 나타낸다.

4. 지속했던 동작이나 상태가 중단되고 이어서 두 번째 동작이 시작되거나 두 번째 상태로 바뀜을 나타낸다.

동사1 + 着 + 동사1 + 着 + 동사2 + 기타성분

孩子哭着哭着睡着了。 아이가 울다가 잠이 들었다.
Háizi kū zhe kū zhe shuì zháo le.

快迟到了，大卫走着走着跑了起来。
Kuài chí dào le, Dàwèi zǒu zhe zǒu zhe pǎo le qǐ lái.
지각을 할 것 같아서, 데이빗은 걷다가 뛰기 시작했다.

※
② 두 번째 동작 뒤에는 기타 성분이 있어야만 한다. 보통 변화를 나타내는 어기 조사 了 또는 보어가 주로 온다.

孩子哭着哭着睡。×　孩子哭着哭着睡了。　아이가 울다가 잠이 들었다.

大卫走着走着跑。×　大卫走着走着跑了起来。
데이빗이 걷다가 뛰기 시작했다.

U 12-2. 아래 단어를 이용하여 적당한 곳에 넣으세요.

拉、看、算、想、写、画
suàn, kàn, suàn, xiǎng, xié, huà

예: 文华(　　)着钱。 원화는 돈을 세고 있다.
　　Wénhuá(　　)zhe qián

1. 大明(　　)着女朋友。 다밍은 여자친구를 생각하고 있다.
　　Dàmíng (　　)zhe nǚ péngyou.

2. 她(　　)着窗外的风景。 그녀는 창밖의 풍경을 그리고 있다.
　　Tā(　　)zhe chuāngwài de fēngjǐng.

3. 心美(　　)着作业。신메이가 숙제를 쓰고 있다.
　　Xīnměi(　　)zhe zuòyè.

4. 英爱(　　)着老师。 잉아이가 선생님을 쳐다보고 있다.
　　Yīngài(　　)zhe lǎoshī.

5. 他(　　)着妈妈的衣服。 그가 엄마의 옷을 잡고 있다.
　　Tā(　　)zhe māma de yīfu.

U 12-3. 아래 단어를 적당한 곳에 넣으세요.

穿着、　　戴着、　　拿着
chuān zhe、 dài zhe 、 ná zhe

예:他(拿着)运动鞋。 그가 운동화를 들고 있다.
Tā ( )yùdòng xié

1. 他( )篮球。 그가 농구공을 들고 있다.
Tā ( ) lánqiú

2. 他( )外套。 그가 외투를 입고 있다.
Tā ( )wàitào

3. 她( )手表。 그녀가 시계를 차고 있다.
Tā ( )shǒubiǎo

4. 她 ( )皮包。 그녀가 지갑을 들고 있다.
Tā ( )píbāo

5. 他( )眼镜。 그가 안경을 쓰고 있다.
Tā ( ) yǎnjìng

6. 他( )牙刷。 그가 칫솔을 들고 있다.
tā ( )yáshuā

7. 他( )长裤。 그가 긴바지를 입고 있다.
Tā ( ) chángkù

8. 她( )帽子 。 그녀가 모자를 쓰고 있다.
Tā ( )màozi

Unit 12-4.

桌子上放着一个杯子。 책상위에 컵이 있다.
Zhuōzi shàng fàng zhe yí ge bēizi.

鱼在水里游着。 물고기가 물속에서 헤엄치고 있다.
Yǔ zài shuǐ li yóu zhe.

☞ 존재를 나타낼 때

형식:장소 + 동사 + 着 + 목적어
　　　주어 + 在 + 장소 + 동사 + 着

墙上贴着地图。 벽에 지도가 붙어 있다.
Qiáng shàng tiē zhe dìtú.

地图在墙上贴着。 지도가 벽에 붙어 있다.
Dìtú zài qiáng shàng tiē zhe.

窗台上摆着花。 창가에 꽃이 놓여 있다.
Chuāngtái shàng bǎi zhe huā.

花在窗台上摆着。 꽃이 창가에 놓여 있다.
Huā zài chuāngtái shàng bǎi zhe.

U 12-4. 어법에 맞게 올바른 문장으로 만드세요.

예: 不少 客人 / 坐 / 餐厅里 / 着

餐厅里坐着不少客人。 식당에 많은 손님이 앉아 있다.
Cāntīng li zuò zhe bùshǎo kèrén

1. 站 / 一些学生 / 着 / 门口　입구에 학생들이 서 있다.
   zhàn, yi xie xuéshēng, zhe, ménkǒu

2. 着 / 黑板上 / 好几个字 / 写　칠판에 글자가 몇 개 쓰여 있다.
   zhe, hēibǎn shàng, hǎo jǐ ge zì, xiě

3. 雨衣 / 挂 / 墙上 / 着　벽에 우비가 걸려 있다.
   yǔyī, guà, qiáng shàng, zhe

4. 房间里 / 着 / 躺 / 在 / 他　그가 방에 누워 있다.
   fángjiàn li, zhe, tǎng, zài, tā

5. 在 / 等 / 出租汽车 / 着 / 外面　택시가 밖에서 기다리고 있다.
   zài, děng, chūzū qìchē, zhe, wàimiàn

Unit 13. 동태 조사 过

Unit 13-1.

你们去过欧洲吗?　너희들 유럽 가봤어?
Nǐmen qù guò ōuzhōu ma?

我去过 , 我去过意大利。　나 가 봤어, 이태리 가봤어.
Wǒ qù guò , wǒ qù guò Yìdàlì

我看过法国电影 ,　나는 프랑스 영화 본 적이 있어.
Wǒ kàn guò Fǎguó diànyǐng

吃过西班牙菜 ,　스페인 음식을 먹어본 적도 있지.
Chī guò Xībānyá cài

可是没去过欧洲。　그런데 유럽은 못 가봤어.
Kěshì méi qù guò ōuzhōu

☞ 동태 조사 过

동사 + 过

过는 동태 조사로 예전에 했던 경험을 나타내며 이런 행동이 지금까지 지속되지 않고 있음을 나타낸다.

1. 자주 쓰는 표현

형식: 동사 + 过
　　　형용사 + 过

玛丽小时候去过长城，在长城照过相。
Mǎlì xiǎo shíhou qù guò Chángchéng,
메리는 어렸을 때 만리장성에 갔었다.
在长城照过相。
Zài Chángchéng zhào guò xiāng.
만리장성에서 사진도 찍었다.

玛丽以前胖过。 메리는 예전에 뚱뚱했었다.
Mǎlì yǐqián pàng guò.

※ ① 过는 동사 뒤에서 완성을 나타내기도 한다.

你吃过饭了吗? 밥 먹었니?
Nǐ chī guò fàn le ma?

② 목적어는 过 뒤에 와야 한다. 동작이 일어난 장소가 있으면 장소는 동사 앞에 와야 한다.

형식: 在 + 장소 + 동사 + 过

在长城照过相。 만리장성에서 사진을 찍었다.
Zài Chángchéng zhào guò xiàng.

照相。 사진을 찍다.
zhào xiàng

③ 형용사 + 过(guo)

과거와 현재를 비교하는 의미가 있다. 즉 과거의 상태에서 현재에 변화가 있음을 나타낸다.

2. 의문문과 부정문

형식: 동사 + 过…… 吗 / 没有?
　　　没 + 동사 + 过…
　　　没 + 형용사 + 过…

你学过汉语吗？／ 没有？　당신은 중국어를 배운 적이 있나요?
Nǐ xué guò Hànyǔ ma / méi yǒu?

他没去过中国。　그는 중국에 가본 적이 없다.
Tā méi qù guò Zhōngguó.

金先生没吃过中国菜。　김선생은 중국요리를 먹어본 적이 없다.
Jīnxiānsheng méi chī guò Zhōngguó caì.

从前，我没有这么高兴过。　지금까지, 이렇게 기뻤던 적이 없었다.
Cóngqián , wǒmen méi yǒu zhè me gāoxìng guò.

3. 了와 过의 차이

了는 얼마 전 이미 있었던 일을 말하며 过는 오래전의 경험을 말한다.

他去过很多国家。（지금까지) 그는 많은 나라를 가봤다.
Tā qù guò hěn duō guójiā

他去了很多国家。（마지막 여행하는 동안) 그는 많은 나라를 갔다.
Tā qù le hěn duō guójiā

他点过日本菜。　그는 일본음식을 주문한 적이 있다.
Tā diǎn guò Rìběn cài　(그는 경험이 많다. 그의 조언을 구한다.)

他点了日本菜。(저번주에/얼마전에) 그는 일본음식을 주문했다.
Tā diǎn le Rìběn cài

그러나 동사 + 过도 어떤 때는 동작의 완성을 나타내기도 한다.

☞ **동사 + 过와 동사 + 过 + 了의 차이**

我吃过包子, 很好吃。→ 有「吃包子」的经验
Wǒ chī guò bāozi, hěn hǎo chi。→ yǒu chī bāozi de jīngyàn
나 만두 먹어봤어. 아주 맛있어. → 만두 먹어 본 경험이 있다.

我没吃过包子, 包子是什么味道? → 没经验
Wǒ méi chī guò bāozi, bāozi shì shénme wèidào → méi jīngyàn
나 만두 안 먹어 봤어. 만두는 무슨 맛이야? → 경험이 없다.

吃饭了没有? 这里有包子。
Chī fàn le méi yǒu? zhè li yǒu bāozi
밥 먹었어? 여기 만두 있어

我已经吃过了, 谢谢。→ 不是经验
Wǒ yǐjīng chī guò le, xièxie → bú shì jīngyàn
나 벌써 먹었어. 고마워, → 경험이 아니다.

U 13-1. (　)안의 단어를 이용하여 문장을 완성하세요.

예: 我去年在台湾学了两个月中文。(来)
Wǒ qùnián zài Táiwān xué le liǎng ge yuè zhōngwén (lái)
나는 작년에 대만에서 두 달 중국어를 배웠었다.

→ 他(来过)台湾。 그는 대만에 와 본 적이 있다.
Tā lái guò Táiwān.

1. 这首歌我会唱。(听) 이 노래를 나는 부를 수 있다.
Zhè shǒu gē wǒ huì chàng (tīng).
→ 她(　　)这首歌。(tīng)
그녀는 이 노래를 들어봤다.

2. 坐飞机好玩吗? (坐) 비행기 타는 거 재미있어?
Zuò fēijī hǎowán ma? (zuò)
→ 他(　　)飞机。 그는 비행기를 타 본 적이 없다.

3. 这里的西瓜很甜。(吃) 여기 수박이 아주 달아.
Zhèli de xīguā hěn tián. (chī)
→ 他(　　)西瓜。 그는 수박을 먹어봤다.

4. 山上的风景非常美。(爬) 산위에 풍경이 아주 아름답다.
Shān shàng de fēngjǐng fēicháng měi. (pá)
→ 她(　　)山。 그는 산에 올라 가 봤다.

5. 妹妹，你男朋友高不高? (见) 동생, 니 남자친구 키가 커?
Mèimei, nǐ nán péngyou gāo bu gāo ? (jiàn)
→ 她(　　)妹妹的男朋友。 그녀는 여동생의 남자친구를 본 적이 없다.

에듀컨텐츠·휴피아
CH Educontents Huepia

Unit 14. 어기 조사 了

Unit 14-1.

来台湾以后, 他胖了。 대만에 온 후 그는 살이 쪘다.
Lái Táiwān yǐhòu, tā pàng le

小孩子不哭了。 아이가 울지 않는다.
Xiǎoháizi bù kū le

她会说中文了。 그녀가 중국어를 할 수 있게 되었다.
Tā huì shuō Zhōngwén le

☞ 어기 조사 了2

1) 상황의 변화

형식: 동사 + (……) + 了 / 형용사 + 了
　　　 동사 + 了 /　　（都 / 已经）+ 명사 + 了

都十一点了, 小宝宝困了。 벌써 11시야. 아이가 졸고 있다.
Dōu shí yì diǎn le, xiǎo bǎobao kùn le.

秋天了, 天气凉了。 가을이 되자, 날씨가 추워졌다.
Qiūtiān le, tiānqì liáng le.

玛丽去超市买水果了。 메리는 슈퍼에 가서 과일을 샀다.
Mǎlì qù chāoshì mǎi shuǐguǒ le.

※ (都 / 已经) + 명사 + 了의 형식에는 春天(chūntiān) 봄, 一点(yì diǎn) 1시 등 계절이나 시간 등 순서를 뜻하는 명사나 수량구만 올 수 있다.

U 14-1. 了를 사용하여 (   )속 문장을 완성하세요.

상황의 변화

예: 他以前很喜欢吃鱼，现在(不喜欢吃了)。
Tā yǐqián hěn xǐhuān chī yú, xiànzài bù xǐhuān chī le
그는 이전에는 생선 먹는 걸 좋아했는데, 지금은 (좋아하지 않는다.)

1. 以前她不会开车，现在(   )。
Yǐqián tā bú huì kāi chē, xiànzài(   )
예전에는 차를 운전할 줄 몰랐었는데 지금은 (할 줄 안다.)

2. 这个问题他刚刚不懂，现在 (   )。
Zhè ge wèntí tā gānggāng bù dǒng, xiànzài (   )
이 문제를 방금 이해 못했는데 지금은 (이해했다.)

3. 从前这里有个公车站，现在 (   )。
Cóngqián zhè li yǒu ge gōngchē zhàn, xiànzài (   )
예전에 여기에 버스 정거장이 있었는데 지금은 (없어졌다.)

4. 她本来爱他，后来(   )。现在她跟别人结婚了。
Tā běnlái ài tā, hòulái(   ). xiànzài tā gēn biérén jié hūn le
그녀는 원래 그를 사랑했는데, 나중에 (사랑하지 않는다.)
지금은 다른 사람과 결혼했다.

5. 他本来要跟我们去旅行，可是(   )。
Tā běnlái yào gēn wǒmen qù lǚxíng, kěshì (   )
그는 원래는 우리와 여행 가려고 했는데 그러나 (병이 났다.)

现在不能去了。
Xiànzài bù néng qù le.
지금은 갈 수 없게 되었다.

Unit 14-2.

他胖了五、六公斤。 그는 5,6키로 살쪘다.
Tā pàng le wǔ liù gōngjīn.

他胖了好几公斤。 그는 몇 키로 그램 많이 살쪘다.
Tā pàng le haǒ jǐ gōngjīn.

这件衣服洗了以后, 小了好多。 이 옷은 세탁 후 많이 줄었다.
Zhè jiàn yīfu xǐ le yǐhòu, xiǎo le hǎo duō.

U 14-2. 了를 사용하여 문장을 완성하세요.

구체적인 차이

예: 大 五岁 → 六岁
dà, wǔ suì,   liù suì

小男孩 (大了一岁)。 사내아이가 한 살 더 먹었다.
xiǎo nánhái dà le yí suì

1. 贵 30块   40块
guì, sān shí kuài, sì shí kuài

面包(　　　　　)빵이 10원 비싸졌다.
miànbāo

2. 瘦　　45公斤　　　　40公斤
shòu,　sì shí wǔ gōngjīn, sì shí gōngjīn
她（　　　　　） 그녀는 5kg 빠졌다.
tā

3. 多　　三间　　　八间.
duō,　sān jiān,　bā jiān
房子（　　　　　） 집이 많아졌다.
fángzi

4. 少　　7 个　　5个.
shǎo,　qī ge,　wǔ ge
苹果(　　　　　) 사과가 7개에서 5개로 줄었다.
píngguǒ

5. 高　158公分　→　160公分
gāo　158gōngfēn　160gōngfēn　그녀는 키가 2센티 커졌다.
她(　　　　　　)

Unit 15. 快 ~ 了

Unit 15-1.

现在还没放假。 지금은 아직 방학이 아니야.
Xiànzài hái méi fàng jià.

快要放假了。 곧 방학이야.
Kuài yào fàng jià le.

车子还没开。 차가 아직 출발하지 않았어.
Chēzi hái méi kāi.

车子快要开了。 차가 곧 출발할 거야.
Chēzi kuài yào kāi le.

☞

1) 곧 …할 것이다. 어떤 일이 곧 일어남을 나타낸다.

형식: 要 …了 / 快、快要 …了
　　　시간사 + 就要…了

快下雨了。 곧 비가 올 거 같에
Kuài xià yǔ le

电影要结束了。 영화가 좀 있으면 끝날 거 같에
Diànyǐng yào jiéshù le

爸爸快要到家了。　아버지가 곧 집에 오신대.
Bàba kuài yào dào jiā le

下个月姐姐就要结婚了。　다음 달에 언니가 결혼한다.
Xià ge yuè jiějie jiù yào jié hūn le

※ 快要 앞에는 시간사를 쓸 수 없다. 구체적인 시간사가 오면 就要만 쓸 수 있다.

U 15-1. 주어진 상황에 맞게 문장을 만드세요.

예: 快(要)考试了。　곧 시험이야.
　　 kuài (yào) kǎoshì le.

1. 八点　곧 8시야.
（　　　　）。

2. 下雨　바로 비가 올 거야.
（　　　　）。

3. 到 新年　곧 새해가 될거야..
新年(　　　)。

4. 开始 比赛　곧 시합이 시작이야.
比赛 (　　　)。

5. 满 水　컵 안의 물이 곧 찰 거야
杯子的水(　　　)。

Unit 15-2. 快要 …了

就要开学了。 곧 개학이야.
Jiù (yào) kāi xué le.

下个星期就要开学了。 다음 주면 곧 개학이야.
Xià ge xīngqi jiù yào kāi xué le.

下个礼拜就(要)开学了。 다음 주에 곧 개학이야.
Xià ge lǐbài jiù (yào) kāi xué le.

飞机就要起飞了。 비행기가 곧 이륙할 거야.
Fēijī jiù yào qǐ fēi le.

飞机三十分钟以后就要起飞了。 비행기가 삼십 분 후면 곧 이륙할 거야.
Fēijī sān shí fēnzhōng yǐhòu jiù yào qǐ fēi le.

U 15-2. (快、快要、就、就要) 맞는 것을 고르세요.

예: (快、快要、就、就要)上课了。 곧 수업이야.
(快、快要、就、就要) shàng kè le.

十分钟以后 (快、快要、就、就要) 上课了。 십 분 후에 수업이야.
Shí fēnzhōng yǐhòu(快、快要、就、就要) shàng kè le.

1. 天气好像(快、快要、就、就要)变冷了，你应该买件外套。
   Tiānqì hǎoxiàng (快、快要、就、就要)biàn lěng le，nǐ yīnggāi mǎi jiàn wàitào.
   날씨가 곧 추워질거야. 너는 외투를 사야 해.

2. (快、快要、就、就要)吃饭了，去把手洗一洗。
   (快、快要、就、就要) chī fàn le, qù bǎ shǒu xǐ yi xǐ.
   밥 먹어야 돼, 가서 손 씻어.

3. 三点(快、快要、就、就要)开会了，你的报告准备好了没有？
   Sān diǎn(快、快要、就、就要)kāihuì le, nǐ de bàogào zhǔnbei hǎo le méi you?
   세시에 곧 회의가 시작돼, 너 보고서는 다 준비됐지?

4. 我认识了三年，下个月(快、快要、就、就要)结婚了。
   Wǒ rènshi le sān nián, xià ge yuè (快、快要、就、就要) jié hūn le.
   안 지 3년이 지났어. 다음 달에 결혼할 거야.

5. 寒假(快、快要、就、就要)结束了，小华的作业还没做完。
   Hánjià(快、快要、就、就要)jiéshù le, Xiǎohuā de zuòyè hái méi zuò wán.
   겨울방학도 곧 끝나가네. 샤오화는 아직 숙제를 다 못했어.

6. 她两个星期以后(快、快要、就、就要)离开这个公司了。
   Tā liǎng ge xīngqi yǐhòu (快、快要、就、就要) líkāi zhè ge gōngsi.
   그녀는 2주 후에 이 회사를 떠나.

7. (快、快要、就、就要) 跟家人见面了，他非常开心。
   (快、快要、就、就要) gēn jiārén jiàn miàn le, tā fēicháng kāixīn
   곧 가족들과 만나게 돼서, 그는 매우 기쁘다.

8. 我们等一下(快、快要、就、就要)出发了，行李都带了吧。
   Wǒmen děng yíxià(快、快要、就、就要)chūfā le, xínglǐ dōu dài le ba.
   잠시 후 출발이야, 짐은 다 챙겼겠지.

Unit 16. 어기 조사 的

Unit 16-1.

我是教书的。 나는 선생이다.
Wǒ shì jiāo shū de.

他是做饭的。 그는 요리사이다.
Tā shì zuò fàn de.

小芳是卖花的 샤오팡은 꽃가게에서 일한다.
Xiǎofāng shì mài huā de.

U 16-1. 단어를 써서 직업이 무엇인지 문장을 만드세요.

예: 他是卖菜的。 그는 채소를 파는 사람이다.
Tā shì mài cài de.

开车、跳舞、卖报、画画、做衣服
kāi chē, tiào wǔ, mài bào, huà huā, zuò yīfu
운전하다. 춤추다. 신문을 팔다. 그림을 그리다. 옷을 만들다.

1. 他们是(댄서이다.)

2. 他是(화가이다.)

3. 她是(택시운전수이다.)

4. 她是(옷을 만드는 사람이다.)

5. 她是(신문을 파는 사람이다.)

Unit 16-2.

A: 这个菜是谁做的? 이 요리 누가 만들었어?
Zhè ge cài shì shéi zuò de?

B: 那是我做的。 그거 내가 만들었어.
Nà shì wǒ zuò de.

A: 这张画是哪个人画的? 이 그림 누가 그린 거야?
Zhè zhāng huà shì nǎ ge rén huà de?

B: 这是荷兰画家画的。 이것은 네덜란드 화가가 그린 그림이다.
Zhè shì Hélán huàjiā huà de.

他想不出来这首歌是谁唱的。 이 노래를 누가 불렀는지 생각이 안 나.
Tā xiǎng bu chū lái zhè shǒu gē shì shéi chàng de.

U 16-2. 예문처럼 문장을 바꾸세요.

예: 林学中照了这些照片。 린쉬에중이 이 사진들을 찍었다.
Lín xuézhōng zhào le zhè xie zhàopiàn.

→ 这些照片是林学中照的。 이 사진은 린쉬에중이 찍었다.

1. 小芳做了这个蛋糕。 샤오팡이 이 케익을 만들었다.
Xiǎofāng zuò le zhè ge dàngāo.

→ 这个蛋糕是(　　　　　)。

2. 我朋友组了那间房子　내가 친구가 저 집을 빌렸다.
Wǒ péngyou zū le nà jiān fángzi.

→ 那间房子(　　　　　)。

3. 那个人偷了我的手表。 저 사람이 내 손목시계를 훔쳤다.
Nà ge rén tōu le wǒ de shǒubiǎo.

→ 我的手表是(　　　　　)。

4. 小华买了这个洗衣机。 샤오화가 이 세탁기를 샀다.
Xiǎohuá mǎi le zhè ge xǐyījī.

→ 这个洗衣机是(　　　　　)。

5. 王大同写了这本书。왕다통이 이 책을 썼다.
Wáng dàtóng xiě le zhè běn shū.
→ 这本书是(　　　　　)。

에듀컨텐츠·휴피아
CH Educontents Huepia

Unit 17. 형용사 중첩

U 17. 형용사 중첩

这个小女孩的头发长长的。
Zè ge xiǎo nǚhái de tóufa cháng cháng de.
이 소녀의 머리는 길다.

她今天穿得漂漂亮亮的。
Tā jīntiān chuān de piào piao liang liang de.
그녀는 오늘 예쁘게 입었다.

他开开心心地喝着香香甜甜的热巧克力。
Tā kāi kāi xīn xīn di hē zhe xiāng xiāng tián tián de rè qiǎokèlì.
그는 즐겁게 달달한 따뜻한 초코렛을 마신다.

☞ 형용사의 중첩
사물의 성질을 묘사하는 형용사는 일반적으로 중첩할 수 있으며 중첩된 형용사는 정도가 심함을 나타내며, 좋아하거나 친절한 감정을 나타낼 수 있다.

1. 자주 쓰는 형식

단음절 형용사의 중첩형식은 AA
이음절 형용사의 중첩형식은 AABB

형식: A → AA
       AB → AABB

长长的头发　아주 긴 머리결
cháng cháng de tóufa

看得清清楚楚　아주 분명하게 볼 수 있다.
kàn de qīng qing chǔ chu

※
① 단음절이 중첩될 때 두 번째 형용사는 1성으로 읽는다.

慢(màn) → 慢慢(màn mān) 천천히
好(hǎo) → 好好(hǎo hāo) 잘

② 일부 색깔을 나타내는 형용사의 중첩형식은 ABAB 형식으로 중첩된다.
　 A처럼 B하다의 수식구조로 사용된다.

형식: AB → ABAB

雪白(xuě bái)　눈처럼 희다. 하얗다.　　　雪白雪白
通红(tōng hóng)　새빨갛다. 진홍빛이다.　通红通红
金黄(jīn huáng)　황금색　　　　　　　　金黄金黄

2. 중첩된 형용사의 의미

1) 정도가 심함을 나타낸다.

他的眼睛大大的。(很大)　그의 눈은 아주 크다.
Tā de yǎnjīng dà dà de.

老人仔仔细细地看报纸。(很仔细)　노인께서 아주 자세히 신문을 보신다.
Lǎorén zǐzǐ xìxì de kàn bàozhǐ.

2) 말하는 사람의 호감이나 친절한 감정을 나타낼 수 있다.

这个小宝宝胖胖的，太可爱了。 이 아이는 통통하고, 아주 귀엽다.
Zhè ge xiǎo bǎobao pàng pàng de, tài kě ài le.

她有一张圆圆的脸，小小的嘴，是个小美女。
Tā yǒu yì zhāng yuán yuán de liǎn, xiǎo xiǎo de zuǐ, shì ge xiǎo měinǚ.
그녀는 둥그런 얼굴, 작은 입을 가진 어린 숙녀이다.

※

这女孩很小的个子，很黄的脸。(비호감)
Zhè nǚ hái hěn xiǎo de gèzi, hěn huáng de liǎn.
이 여자는 키는 작고, 얼굴은 노랗다.

这女孩小小的个子，黄黄的脸。(호감)
Zhè nǚ hái xiǎo xiǎo de gē zi, huáng huáng de liǎn.
아담한 키에 노란 얼굴을 가진 소녀이다.

3. 용법

1) 중첩된 형용사가 술어나 보어로 쓰일 때 반드시 문장끝에는 的가 있어야 한다.

형식: 주어 + 형용사 중첩 + 的
　　　동사 + 得 + 형용사 중첩 + 的

他的手干干净净的。 손이 아주 깨끗하다.
Tā de shǒu gān gān jìng jìng de.

他的手洗得干干净净的。 손을 아주 깨끗하게 씻었다.
Tā de shǒu xǐ de gān gān jìng jìng de.

2) 중첩된 형용사는 不나 没로 수식할 수 없다.

형식: 不 / 没 + 형용사 중첩 ×

她的眼睛不大大的。(很大) 그의 눈은 아주 크다.
Tā de yǎnjīng bú dà dà de.

3) 중첩된 형용사는 비교문에서 쓸 수 없다

형식: A + 比 + B + 형용사 중첩 ×

哥哥比弟弟高高的。 형이 동생보다 키가 크다.
Gēge bǐ dìdi gāo gāo de.

4) 중첩된 형용사는 정도가 심함을 나타내며 중첩된 형용사 앞에 很이나 非常, 太 등의 정도부사는 사용할 수 없다.

晚会热热闹闹的。　　　晚会很热热闹闹。×
Wǎnhuì rè rè nào nào de
파티가 아주 떠들썩하다.

5) 중첩된 형용사가 관형어로 쓰일 때 수식하는 명사 중간에 的가 있어야 한다.

高高的山。　　　高高山。× 무척 높은 산
gāo gāo de shān

6) 중첩된 이음절 형용사가 부사어로 쓰일 때는 반드시 구조조사 地를 사용해야 한다.

我们高高兴兴地喝酒。 우리는 즐겁게 술을 마신다.
Wǒmen gāo gāo xìng xìng de hē jiǔ.

U 17. 적당한 단어를 사용하여 문장을 완성하세요.

圆、 饱、 慢、 旧、 酸 / 甜
yuǎn, bǎo, màn, jiù, suān / tián
둥글다, 배부르다, 느리다, 오래되다, 시다. / 달다.

矮 / 胖、健康、清楚、安静、干净、辛苦
ǎi / pàng, jiànkāng, qīngchu, ānjìng, gānjìng, xīnkǔ
작다 / 뚱뚱하다, 건강하다, 분명하다, 조용하다, 깨끗하다, 고생하다.

예: 正花非常喜欢吃(酸酸甜甜)的水果。
Zènghuā fēicháng xǐhuān chī(　　　) de shuǐguǒ.
정화는 매우 기쁘게 새콤달콤한 과일을 먹는다.

1. 小妹妹的脸(　　　)的 , 好可爱。
xiǎo mèimei de liǎn(　　　)de, hǎo kě ài.
여동생의 얼굴이 동글동글한데, 아주 귀엽다.

2. 林先生的太太死了 , 他一个人(　　　)地照顾孩子。
Lín xiānsheng de tàitai sǐ le, tā yí ge rén(　　　) di zhàogù háizi.
임 선생 부인이 돌아가셨다, 그는 혼자서 힘들게 아이를 키웠다.

3. 父母都希望孩子们(　　　)地长大。
Fùmǔ dōu xīwàng háizi men(　　　) di zhǎng dà.
부모는 모두 아이들이 건강하게 성장하길 바란다.

4. 他把房间打扫得(　　　)的。
Tā bǎ fángjiān dǎsǎo de(　　　) de.
그는 방을 깨끗하게 청소했다.

5. 地上有水，别走得太快，(　　　)地走。
Dì shàng yǒu shuǐ, bié zǒu de tài kuài (　　　) de zǒu.
바닥에 물이 있어, 너무 빨리 걷지 마, 천천히 걸어.

6. 他以前(　　　)的，现在又高又瘦，很不一样了。
Tā yǐqián(　　　) de, xiànzài yòu gāo yòu shòu, hěn bù yí yàng le.
그는 예전에는 작고 뚱뚱했었다, 지금은 크고 말라 많이 달라졌다.

7. 他准备的菜真多，每个人吃得(　　　)的。
Tā zhǔnbèi de cài zhēn duō, měi ge rén chī de (　　　) de.
그가 준비한 음식이 많아서, 모든 사람이 배불리 먹었다.

8. 别吵我，我想一个人(　　　)地看书。
Bié chǎo wǒ, wǒ xiǎng yí ge rén(　　　) de kàn shū.
시끄럽게 굴지 마, 나 혼자 조용히 책 볼 거야.

9. 那个房子虽然便宜，但是(　　　)的，我不要租。
Nà ge fángzi suīrán piányi, dànshì(　　　) de, wǒ bú yào zū.
저 집은 싸지만, 너무 오래되었어. 나는 안 빌릴레.

10. 戴上眼镜以后，什么都看得(　　　)的。
Dài shàng yǎnjìng yǐhòu, shénme dōu kàn de (　　　) de.
안경을 쓴 후, 뭐든지 잘 보인다.

★

热闹　干净　漂亮　→　热热闹闹、干干净净、漂漂亮亮
rè nào　gān jing　piào liang

休息、参观、练习　→　休息休息、参观参观、练习练习
xiūxi　cānguān　liànxí

☞ 동사 중첩

동작을 나타내거나 중복이나 지속이 가능한 동사는 중첩할 수 있다.
중첩된 동사는 동작시간이 짧거나, 한번 시도해 본다는 의미를 나타낸다.
가볍고 부드러운 어투로 회화에서 많이 사용한다.

1) 단음절 동사의 중첩

형식: AA = A—A
　　　A了A = A了—A

这是毛笔，你试试。　이건 붓인데, 한번 써봐
Zhè shì máobǐ, nǐ shì shi.

你听听/听一听，是不是有人在唱歌？　들어봐, 누가 노래하는 거 아니야?
Nǐ tīng tīng /tīng yi tīng, shì bu shì yǒu rén zài chàng gē?

他听了听，不是人的声音，是小鸟在叫。
Tā tīng le tīng, bú shì rén de shēngyīn, shì xiǎo niǎo zài jiào.
그가 좀 들어보니, 사람소리가 아니고, 새가 지저귀는 소리였다.

去年春天，我去北京玩了玩。　작년 봄, 나는 북경에 가서 놀았다.
Qùnián chūntiān, wǒ qù Běijīng wán le wán.

我试了试这件衣服，太大了。　내가 이 옷을 입어봤는데, 너무 크다.
Wǒ shì le shì zhe jiàn yīfu, tài dà le.

※
① 중첩(重疊)이라 함은 거듭 겹쳐서 쓴다는 것을 의미한다.

② AA 제2음절은 경성으로 읽는다.

看看(kàn kan) 보다.　　想想 (xiǎng xiang) 생각하다.

Unit 17. 형용사 중첩 | 113

③ 동작이 이미 일어났음을 나타내며 중첩한 동사 사이에 了를 둔다.
   AA了의 형식은 쓸 수 없다.

2) 이음절 동사의 중첩

형식: ABAB
      AB了AB
      AAB

玛丽要考虑考虑，选谁做男朋友。
Mǎlì yào kǎolǜ kǎolǜ, xuǎn shéi zuò nán péngyou.
메리는 누구를 남자친구로 할지 생각하고 있다.

她考虑了考虑，还是选了大卫。 그녀는 생각 끝에, 데이빗을 선택했다.
Tā kǎolǜ le kǎolǜ, hái shì xuǎn le Dàwèi.

我给你们介绍介绍。 내가 너희에게 소개할께.
Wǒ gěi nǐmen jièshào jièshao.

今天我休息，在家收拾了收拾房间。
Jīntiān wǒ xiūxī, zài jiā shōushi le shōushi fángjiān.
오늘 나는 쉬면서, 집에서 방을 정리했다.

※ ① 2음절 동사의 중첩형은 ABAB 형식을 취하는 데 이때 두 번째와 네 번째 음절은 경성으로 바뀌며 세 번째 음절은 첫 번째 음절보다 가볍게 발음한다.

介绍介绍 (jièshào jièshao) 소개하다.
分析分析 (fēnxi fēnxi) 분석하다.

② 단음절 동사의 중복처럼 중간에 一를 둘 수 없다.

AB 一 AB ×
介绍 一 介绍

③ AAB는 이합사(離合詞)의 중첩형식이다.

帮忙　　　帮帮忙　　잠깐 돕다.
bāng máng　bāng bang máng

散步　　散散步　　산보를 좀 하다.
sàn bù　　sàn san bù

3) 중첩할 수 없는 동사

동작을 나타낼 수 없거나, 바램이나, 가능을 나타내는 동사들은 중첩할 수 없다.

(1) 심리를 나타내는 동사

怕 무서워하다　喜欢 좋아하다　爱 사랑하다.
pà,　　　　　xǐhuan,　　　ài

(2) 발전이나 변화를 나타내는 동사

发展 발전하다　开始 시작하다　结束 끝내다, 마치다.
fāzhǎn,　　　kāishǐ　　　　jiéshù

(3) 존재, 판단, 상태를 나타내는 동사

在 있다　是 이다　像 닮다　有 있다.
zài,　　shì,　　xiàng,　　yǒu

(4) 방향을 나타내는 동사

起 일어나다　过 지나치다　出 나타나다.
qǐ,　　　　　guò　　　　chū

4. 용법

1) 중첩된 동사 뒤에 수량을 나타내는 구가 와서는 않된다.

형식: 동사 중첩 + 수량구 ×

老师说了说二十分钟。×

老师说了二十分钟。 선생님이 20분 동안 말씀하셨다.
Lǎoshī shūo le èr shí fēnzhōng.

我们喝喝两瓶啤酒。×

我们喝喝啤酒。 우리는 맥주를 좀 마셨다.
Wǒmen hē he píjiǔ.

2) 시간부사 曾经、已经、正在、一直가 있을 때 중첩형식을 쓸 수 없다.

※ 曾经 이미, 벌써　已经 이미　正在 마침 …하는 중이다　一直 계속, 줄곧
　 céng jīng,　　　yǐjīng,　　　zhèngzài,　　　　　　　　yìzhí

형식: 시간부사 + 동사 중첩 ×

我们正在读读课文。×

我们正在读课文。 우리는 본문을 읽고 있다.
Wǒmen zhèngzài dú kèwén.

他已经看了看这本书。×

他已经看了这本书。 그는 벌써 이 책을 봤다.
Tā yǐjīng kàn le zhè běn shū.

3) 두 개의 동사가 있고 두 번째 동사가 주요 동사일 때는 두 번째 동사만 중첩할 수 있다.

형식: 동사 1 중첩 + 동사 2   ×
      동사 1 + 동사 2 중첩

我去去看。×

我去看看。○ 내가 가서 본다.
Wǒ qù kàn kan.

4) 동사에 보어가 있을 때 중첩할 수 없다.

형식: 동사 중첩 + 동사 ×

我们吃吃得很多。×

我们吃得很多。 우리는 많이 먹는다.
Wǒmen chī de hěn duō.

5) 동사 중첩 후 명사를 수식할 수 없다.

형식: 동사 중첩 + 명사 ×

我看看电视的时候，电话响了。×

我看电视的时候，电话响了。 TV를 보고 있을 때, 전화기가 울렸다.
Wǒ kàn diànshì de shíhou, diànhaù xiǎng le.

Unit 18. 부사 在

A: 他们在做什么? 그들이 무엇을 하고 있니?
Tāmen zài zuò shénme?

B: 他们在打网球。 그들은 테니스를 하고 있다.
Tāmen zài dǎ wǎngqiú.

A: 他们在做什么? 그들이 무엇을 하고 있니?
Tāmen zài zuò shénme?

B: 他们在点菜。 그들은 음식 주문을 하고 있다.
Tāmen zài diǎn cài.

A: 这个男孩子怎么了? 이 아이는 어떻습니까?
zhè ge nán háizi zěmme le?

B: 他在哭。 아이가 울고 있습니다.
Tā zài kù.

我知道你打电话给我。 나한테 전화한 거 알아.
Wǒ zhīdào nǐ dǎ diànhuà gěi wǒ.

可是, 那个时候我正在骑车, 그런데 그때 자전거를 타고 있어서
Kěshì, nà ge shíhou wo zhènzài qí chē,

所以没办法接电话。 전화를 받을 수 없었어.
Suǒyǐ méi bānfǎ jiē diànhuà.

☞ 동작의 진행이나 상태의 지속을 나타낸다.

1. 자주 쓰는 표현

1) 긍정문:

주어 + 동사 + 목적어 + 呢

他们吃饭呢。 그들은 지금 밥을 먹고 있다.
Tāmen chī fàn ne

주어 + 正+ 동사 + 목적어

他们正吃饭。 그들은 지금 밥을 먹고 있다.
Tāmen zhèng chī fàn

주어 + 在 + 동사 + 목적어
他们在吃饭。 그들은 지금 밥을 먹고 있다.
Tāmen zài chī fàn

주어 正在 + 동사 + 목적어 + (呢)

他们正在吃饭（呢）。 그들은 지금 밥을 먹고 있다.
Tāmen zhèngzài chī fàn (ne)

2) 부정문:

주어 + 没(在) + 동사 + 목적어 + (呢)

他们没(在)吃饭，他们在看书。
Tāmen méi (zài) chī fàn, tāmen zài kàn shū
그들은 지금 밥을 먹고 있지 않고 책을 보고 있다.

U 18. 아래 단어를 이용하여 문장을 만드세요.

예: 写、作业、他、在 → 他在写作业。

1. 笑、他们、在 그들이 웃고 있다.
xiào, tāmen, zài

2. 打电话、在、他们 그들이 전화를 하고 있다.
dǎ diànhuà, zài, tāmen

3. 排队、他们、在 그들이 줄을 서 있다.
páiduì, tāmen, zài

4. 踢足球、在、他们 그들이 축구를 하고 있다.
tī zúqiú, zài, tāmen

5. 上网、在、他们 그들이 인터넷을 하고 있다.
shàng wǎng, zài, tāmen

Unit 19. 부사 就, 才

Unit 19-1.

我们公司九点上班。 우리 회사는 9시에 출근한다.
Wǒmen gōngsi jiǔ diǎn shàng bān

李先生八点半就来了。 이 선생은 8시반이면 출근한다.
Lǐ xiānshēng bà diǎn jiù lái le

王先生九点十分才来。 왕선생은 9시 10분에야 출근한다.
Wáng xiānsheng jiǔ diǎn shífēn cái lái

他们很早以前就认识了。 그들은 아주 오래전부터 알았다.
Tāmen hěn zǎo yǐqián jiù rènshi le

他们上个星期才认识的。 그들은 지난주에 알게 되었다.
Tāmen shàng ge xīngqi cái rènshi le

小明昨天十二点才睡。(比平常晚睡)
Xiǎomíng zuótiān shí èr diǎn cái shuì (bǐ píngcháng wǎn shuì)
샤오밍은 어제 12시가 돼서야 잤다. (평상시보다 늦게 잤다.)

小华昨天十二点就睡了。(比平常早睡)
Xiǎohuá zuótiān shí èr diǎn jiù shuì le
샤오화는 어제 12시에 바로 잤다. (평상시보다 일찍 잤다.)

☞

才、就가 시간과 관련되어 쓰일 때 나타내는 의미는 정반대이다.

1. 자주 쓰는 형식.

1) 就는 상황이 일찍 일어났고, 빠르고 순조롭게 진행되었음을 강조한다.
才는 상황이 늦게 일어났고, 느리고 어렵게 진행되었음을 강조한다.

형식: 시간사 / 수량사 + 就 + 동사 + …… 了
　　　시간사 / 수량사 + 才 + 동사 + ……

我们十点上课，我九点四十就来了，
Wǒmen shí diǎn shàng kè, wǒ jiǔ diǎn sì shí jiù lái le,
우리는 10시에 수업인데, 나는 9시 40분에 벌써 왔고,

他十点半才来。 그는 10시 30분이 돼서야 왔다.
tā shí diǎn bàn cái lái

坐火车十个小时才到北京，
Zuò huǒchē shí ge xiǎoshí cái dào Běijīng,
기차 타면 10시간이나 걸려서 북경에 도착하고,

坐飞机一个半小时就到了。
Zuò fēijī yí ge bàn xiǎoshí jiù dào le
비행기 타면 1시간 30분이면 도착한다.

大卫很容易就找到了明洞，
Dàwèi hěn róngyì zhǎo dào le Míngdòng,
데이비드는 명동을 쉽게 찾았고,

小丁问了好几个人才找到明洞。
Xiǎodīng wèn le hǎo jǐ ge rén cái zhǎo dào Míngdòng
샤오딩은 여러 사람에게 물어보고 나서야 명동을 찾았다.

2. 소량을 강조할 때 부사 뒤에 수량구를 추가한다.

就、才、只(有) + 수량구

今天上课的人很少，就、才、只(有) 八个人。
jīngtiān shàng kè de rén hěn shǎo, jiù cái zhǐ yǒu bā ge rén
오늘 수업 온 사람이 아주 적어 8명밖에 안 왔어.

就、才、只 + 동사 + 수량구

我就、才、只睡了四个小时。
wǒ   shùi le sì ge xiǎoshí
나는 4시간만 잤어.

U 19-1. 就 、才

예: 她昨天很晚睡，所以今天九点半(就、才)起床。
Tā zuótiān hěn wǎn shuì, suǒyǐ jīntiān jiǔ diǎn (jiù、cái) qǐ chuáng.
그녀는 어제 늦게 자서, 오늘 9시 반이 돼서야 일어났다.

1. 他十分钟以后(就、才)到了，我们等一下吧。
Tā shí fēnzhōng yǐhòu (jiù、cái) dào le, wǒmen děng yíxià ba.
그는 10분 후면 도착해, 우리 좀 기다리자.

2. 我十点(就、才)吃早饭的，现在还不饿。
Wǒ shí diǎn (jiù、cái)chī zǎofàn de, xiànzài hái bú è.
나는 10시에 아침을 먹어서, 지금은 아직 배 안고파.

3. 他大学念了八年(就、才)毕业。
Tā dàxué niàn le bā nián (jiù、cái) bì yè.
그는 대학을 8년 만에 졸업했다.

4. 她很小的时候(就、才)知道自己以后想做一个记者。
Tā hěn xiǎo de shíhou (jiù、cái) zhīdào yǐhòu zuò yí ge jìzhě.
그녀는 어려서부터 자기가 앞으로 기자가 되고 싶다는 것을 알았다.

5. 电影六点(就、才)开始，我们先吃个饭吧！
Diànyǐng liù diǎn (jiù、cái) kāishǐ, wǒmen xiān chī ge fàn ba.
영화는 6시에 시작하니, 우리 먼저 가서 밥을 좀 먹자.

6. 今天事情很多，可能八点以后(就、才)可以回家。
Jīntiān shìqíng hěn duō, kěnéng bā diǎn yǐhòu (jiù、cái) kěyǐ huí jiā.
오늘 일이 많아서, 8시가 넘어야 집에 돌아갈 수 있다.

7. 这附近交通很方便，所以房子一下子(就、才)有人租了。
Zhè fùjìn jiāotōng hěn fāngbiàn, suǒyǐ fángzi yí xià zi (jiù、cái) yǒu rén zū le.
이 부근 교통이 편해서, 집이 바로 나가.

8. 你们怎么现在(就、才)来？飞机早(就、才)起飞了。
Nǐmen zěnme xiànzài (jiù、cái) lái? fēijī zǎo (jiù、cái) qǐ fēi le.
너희 어째서 이제야 와? 비행기는 벌써 떠났어.

9. 在台湾，十八岁(就、才)可以喝酒；
Zài Táiwān, shí bā suì (jiù、cái) kěyǐ hē jiǔ；
대만에서는 18세면 술을 마실 수 있지만,

可是在美国，二十岁(就、才)可以喝酒。
Kěshì zài Měiguó, èr shí suì (jiù、cái) kěyǐ hē jiǔ.
미국에서는 20세가 되야 술을 마실 수 있다.

10. 我上个星期(就、才)到台湾了,
Wǒ shàng ge xīngqī (jiù、cái)dào Táiwān le,
우리 저번 주에 대만에 왔는데

但是今天(就、才)有空给你打电话。
Dànshì jīntiān (jiù、cái) yǒu kōng gěi nǐ dǎ diànhuà.
오늘에서야 시간 나서 전화를 하는 거야.

☞ 才……(　　) + 的　늦게 완성
他们昨天才搬到乡下去的。　그들은 어제서야 시골로 이사 갔다.
Tāmen zuótiān cái bān dào xiāngxià qù de.

就……(　　) + 了　빨리 완성
他们去年就搬到乡下去了。　그들은 작년에 벌써 시골로 이사 갔다.
Tāmen qùnián jiù bān dào xiāngxià qù de.

Unit 19-2.

秋华毕了业就开始工作。(马上、很快)
Qiūhuá bì le yè jiù kāishǐ gōngzuò.
치우화는 졸업하고 바로 일을 시작했다.

文英毕了业才开始找工作。(慢、晚、不急)
Wényīng bì le yè cái kāishǐ zhǎo gōngzuò.
원잉은 졸업 후에야 일을 찾기 시작했다.

☞ 첫 번째 동작이 일어난 후 이어서 두 번째 동작이 일어날 때만 첫 번째 동사 뒤에 了를 붙일 수 있다.

① 과거(~하자마자 ~했다)

형식: 동사1 + 了+ 명사, 就 + 동사2 + 목적어 + 了

他下了课就回家了。 그는 수업 끝나고 집으로 돌아갔다.
tā xià le kè jiù huí jiā le.

※
첫 번째 동사 뒤의 了는 어떤 동작을 한 이후를 나타내고 문장의 끝에 있는 了는 동작이 일어났거나 완성되었음을 나타낸다.

② 현재 또는 습관 (~하고 ~한다)
형식: 동사1 + 了1 + 명사, 就 + 동사2 + 목적어

他下了课就回家。 그는 수업이 끝나면 집으로 간다.
tā xià le kè jiù huí jiā.

③ 미래 (~하고 나서 ~할 것이다)

형식: 동사1 + 了1 + 명사, 就 + (조동사 要, 得) + 동사2 + 목적어

他下了课就要回家。 그는 수업이 끝나면 집으로 간다.
tā xià le kè jiù yào huí jiā.

U 19-2. 동사 + 了+ 목적어,就、才

예: 他说他等一下有事，所以付钱，就走了。(付钱、走)
Tā shuō tā děng yí xià yǒu shì, suǒyǐ fù qián, jiù zǒu le.
그가 잠시 후 일이 있다고 말하고, 돈을 내고 가버렸다.

1. 爸爸下班以后不去别的地方，他每天(　　　　　)。(下班、回家)
Bàba xià bān yǐhòu bú qù bié de dìfāng, tā měitiān.
아버지는 퇴근 후 다른 곳에 가지 않고, 매일 퇴근한 후 바로 귀가한다.

2. 小明现在不去银行，他(　　　　)。(寄信、去银行)
Xiǎomíng xiànzài bú qù yínháng, tā jì xìn、qù yínháng.
샤오밍은 지금 은행에 가지 않는다. 그는 편지를 보내고 난 후 은행에 간다.

3. 他们在电影院等我了，我(　　　　)。(换衣服、去电影院)
Tāmen zài diànyǐngyuàn děng wǒ le, wǒ huàn yīfu qù diànyǐng yuàn.
그들이 극장에서 나를 기다리고 있다. 나는 옷을 갈아입은 후 극장에 간다.

4. 弟弟没那么早睡，他常常(　　　　)。(打很久的电脑、睡觉)
Dìdi méi nàme zǎo shuì, tā cháng cháng dǎ hěn jiǔ de diànnǎo、shuì jiào.
동생은 그렇게 일찍 자지 않는다. 동생은 오랫동안 컴퓨터를 하고 나서야 잠자리에 든다.

5. 文华很喜欢运动，他今天(　　　　)。(下课、去游泳)
Wénhuá hěn xǐhuān yùndòng, tā jīntiān xià kè、qù yóu yǒng.
원화는 운동을 좋아한다, 그는 수업이 끝난 후 수영하러 간다.

Unit 19-3. 수량사 + 就、才

天明今天不饿，吃三碗饭就饱了。(三碗 → 少)
Tiānmíng jīntiān bú è, chī sān wǎn fàn jiù bǎo le.
티엔밍은 오늘 배가 고프지 않아, 밥 세 공기만 먹었는데 배가 불렀다.

文英很饿，吃了两碗面才饱。(两碗 → 多)
Wényīng hěn è, chī le liǎng wǎn miànbāo cái bǎo.
원잉은 배가 고파서, 면 두 그릇이나 먹어야 배가 불렀다.

☞ 才 + 수량사

现在才十点。⇒ 说话的人觉得早
Xiànzài cái shí diǎn. ⇒ Shuō huà de rén juéde zǎo.
지금은 겨우 열 시 야. 화자는 이르다고 생각한다.

王秋华才二十八岁。   왕치우화는 겨우 28살이다.
Wáng qiūhuā cái èr shí bā suì.

⇒ 说话的人觉得王秋华年轻   화자는 왕치우화가 젊다고 생각한다.
⇒ Shuō huà de rén juéde Wáng qiūhuā niánqīng.

这本书才一百块钱。   이 책은 백 원밖에 안 해.
Zhè běn shū cái yì bǎi kuài qián.

⇒ 说话的人觉得书便宜。   화자는 책이 싸다고 생각한다.
⇒ Shuō huà de rén juéde shū piányi.

U 19-3.

예: 我们公司离银行不远，走十分钟(就、才)到了。
Wǒmen gōngsī lí yínháng bù yuǎn, zǒu shí fēnzhōng dào le.

1. 从我家坐出租汽车到机场，差不多要一千块钱(就、才)够。
Cóng wǒ jiā zuò chūzū qìchē dào jīchǎng, chà bu duō yào yì qiān kuài qián gòu.
집에서 택시 타고 공항에 갈 때, 천 원이면 충분하다.

2. 小华早上不太舒服，吃了两个三明治(就、才)不吃了。
Xiǎohuá zǎoshàng bú tài shūfu, chī le liǎng ge sānmíngzhì bù chī le.
샤오화는 아침에 몸이 좋지 않아서, 샌드위치 두 개만 먹고는 먹지 않았다.

3. 这里的家具都便宜，一千块钱(就、才)能买两张椅子。
Zhè li de jiājù dōu piányi, yì qiān kuài qián néng mǎi liǎng zhāng yǐzi.
여기 가구가 싼데, 천 원이면 의자 두 개를 살 수 있다.

4. 今天车子很多，可能五、六个小时(就、才)可以到首尔。
Jīntiān chēzi hěn duō, kěnéng wǔ liù xiǎoshí kěyǐ dào Shǒuěr.
오늘 차가 많아, 다섯 여섯 시간 걸려야만 서울에 도착할 수 있다.

5. 我没吃早饭，中午吃了十五个饺子(就、才)觉得饱。
Wǒ méi chī zǎofàn, zhōngwǔ chī le shí wǔ ge jiǎozi júede bǎo.
아침을 안 먹었어. 점심때 만두 15개를 먹고서야 배부른 거 같애.

에듀컨텐츠·휴피아
CH Educontents Huepia

Unit 20. 부사 多, 少

为了我们的环境，大家应该少开车。
Wèi le wǒmen de huánjìng, dājiā yīnggāi shǎo kāi chē.
우리의 환경을 위해서, 모두 운전을 줄여야 해.

天气越来越冷了，多穿一件衣服吧。
Tiānqì yuè lái yuè lěng le, dūo chūan yí jiàn yīfu ba.
날이 점점 추워졌어 옷을 더 많이 입어.

外面天气冷，多穿一点儿(衣服)。
Wàimiàn tiānqì lěng, dūo chūan yì diǎnr yīfu ba.
날이 추워졌어, 옷을 좀 더 입어.

外面天气冷，多穿几件衣服。
Wàimiàn tiānqì lěng, dūo chūan jǐ jiàn yīfu.
날이 추워졌어, 옷을 몇 벌 더 입어.

U 20. 「多、少」를 이용해서 문장을 완성하세요.

예: 爸爸越来越胖了，他应该(多、少)吃一点儿, (多、少)运动。
Bàba yuè lái yuè pàng le, tā yīnggāi(duō、shǎo)chī yì diǎnr (duō、shǎo) yùndòng.
아버지가 갈수록 살이 찌셨어, 적게 먹고 많이 운동해야 돼.

1. 我最近没钱了，应该(多、少)买东西。
Wǒ zuìjìn méi qián le, yīnggāi(duō、shǎo) mǎi dōngxi.
요즘 돈이 없어, 물건을 덜 사야 해.

2. 我汉语不好，应该(多、少)看书，(多、少)看电视。
Wǒ Hànyǔ bù hǎo, yīnggāi (duō、shǎo) kàn shū, (duō、shǎo)kàn diànshì.
중국어를 잘못해서 책 많이 보고, TV는 조금 봐야 해.

3. 我们明天应该(多、少)穿衣服吗？
Wǒmen míngtiān yīnggāi (duō、shǎo)chuān yīfu ma ?
우리 내일 옷을 많이 입어야 해?

4. 他喜欢台湾，想(多、少)学一点中文。
Tā xǐhuān Táiwān, xiǎng(duō、shǎo) xué yì diǎn Zhōngwén.
그는 대만을 좋아해서 중국어를 좀 더 배울 생각이야.

5. 昨天我朋友来我家，我(多、少)做了一点菜。
Zúotiān wǒ péngyou lái wǒ jiā, wǒ (duō、shǎo) zuò le yì diǎn cài.
어제 내 친구가 놀러 왔어, 나는 요리를 좀 더 했지.

6. 我感冒了，医生要我(多、少)休息，(多、少)喝水。
Wǒ gǎnmào le, yīshēng yào wǒ (duō、shǎo) xiūxi(duō、shǎo) hē shuǐ.
감기 걸렸어, 의사가 내게 충분히 쉬고, 물을 많이 마시라고 했어.

Unit 21. 부사 快, 慢

等一下就要上课了，快一点儿进教室。
Děng yí xià jiù yào shàng kè le, kuài yì diǎnr jìn jiàoshì
잠시 후 수업 시작이야, 빨리 교실로 들어가.

(现在就应该进教室。)
Xiànzài jiù yīnggāi jìn jiàoshì
지금은 교실로 들어갔을 것이다.

你开车开得太快了，开慢一点儿。
Nǐ kāi chē kāi de tài kuài le, kāi màn yì diǎnr
운전을 너무 빨리 해, 천천히 해.

你走得太慢了，走快一点儿
Nǐ zǒu de tài màn le, zǒu kuài yì diǎnr
걷는게 너무 느려, 빨리 걷도록 해.

☞

※ "형용사 + 一点儿"은 요구나 건의를 나타낼 수도 있다.

回家的路上小心一点儿。 집에 돌아갈 때 조심해서 가.
Húi jiā de lùshaàng xiǎoxīn yì diǎr.

车开得有点儿快，慢一点儿。 차를 너무 빨리 몰아, 천천히 가
Chē kāi de yǒu diǎnr kuài, màn yì diǎr.

这件衣服有点儿贵，便宜一点儿。 이 옷 너무 비싸요, 좀 싸게 해주세요.
Zhè jiàn yīfu yǒu diǎnr guì, piányi yì diǎnr.

가) 快一点儿 + 동사 +

서둘러서 동작을 하라는 시간을 가리키는 말이고,

나) 동사 + 快一点儿

기본 매너를 가리키는 말이다.

快一点儿跑。 빨리 뛰세요.
Kuài yì diǎnr pǎo

跑快一点儿 좀 빨리 뛰세요.
Pǎo kuài yì diǎnr

다) 慢一点去。 천천히 하고 나주에 가라.
Màn yì diǎn qù

라) 去慢一点。 천천히 걸어요.
Qù màn yì diǎn

U 21. 快、慢을 써서 문장을 만드세요.

예: 妈妈对他说：很晚了，别看电视了，快一点去睡觉。
Māma duì tā shuō: hěn wǎn le, bié kàn diànshì le, kuài yì diǎr shuì jiào
엄마가 그에게 말했다. TV 그만 보고, 빨리 씻고 자.

哥哥洗澡了半个小时，我只好请他洗快一点。
Gēge xǐ zǎo le bàn ge xiǎoshí, wǒ zhǐhǎo qǐng ta xǐ kuài yìdiǎnr
형이 30분이나 목욕을 해서, 내가 빨리 좀 씻으라고 했다.

1. 同学们不打扫，一直聊天，我想叫他们(　　　　　)。
Tóngxué men bù dǎsǎo, yìzhí liáo tiān, wǒ xiǎng jiào tāmen
친구들이 청소도 안 하고, 계속 수단을 떨고 있다. 그들에게 ……

2. 妹妹还在睡觉，我对她说：你要迟到了(　　　　　)。
Mèimei hái zài shuì jiào, wǒ duì tā shuō: nǐ yào chí dào le
여동생이 아직도 잠을 자서, 내가 지각이야. ……

3. 如果孩子不做功课，父母常常会说(　　　　　)。
Rúguǒ háizi bú zuò gōngkè, fùmǔ cháng cháng huì shuō
만약 아이가 숙제를 하지 않으면, 부모는 늘 (　　)라고 말한다.

4. 要是你不(　　　　　)问题，考试就结束了。
Yàoshì nǐ bu wèntí, kǎoshì jiù jiéshù le
만약 답을 말하지 않으면, …… 시험이 곧 끝난다.

5. 他说话说得太快，我对他说：请你(　　　　　)。
Tā shuō huà de tài kuài, wǒ duì tā shuō: qǐng nǐ
그가 말이 너무 빨라서 좀 …… 하라고 말했다.

6. 跑步比赛的时候，我希望自己(　　　　　)。
Pǎo bù bǐsài de shíhou, wǒ xīwāng zìjǐ
달리기 시합을 할 때 나는 내가 (　　) 희망했다.

7. 弟弟写字写得太慢了，姐姐告诉他:(　　　　　)。
Dìdi xiě zì xiě de tài màn le, jiějie gàosu tā
동생은 글자를 너무 늦게 쓴다. 언니가 그에게 ……

8. 吃东西不要吃得太快，(　　　　　　)。对身体比较好。
Chī dōngxi bú yào chī de tài kuài, duì shēntǐ bǐjiào hǎo
음식 너무 빨리 먹지마 …… 건강에 좋다.

Unit 22. 都

小芳想吃包子，小美也想吃包子。
Xiǎofāng xiǎng chī bāozi, Xiǎoměi yě xiǎng chī bāozi,
샤오팡은 만두를 먹고 싶어 하고, 샤오메이도 만두를 먹고 싶어 한다.

她们两个人都想吃包子。
Tāmen liǎng ge rén dōu xiǎng chī bāozi,
그녀들 둘 다 만두를 먹고 싶어 한다.

小芳想买裙子，小美也想买裙子。
Xiǎofāng xiǎng mǎi qúnzi, Xiǎoměi yě xiǎng mǎi qúnzi
샤오팡은 치마를 사고 싶어 하고, 샤오메이도 치마를 사고 싶어 한다.

她们都想买裙子。
Tāmen dōu xiǎng mǎi qúnzi
그녀들 모두 치마를 사고 싶어 한다.

文中喜欢打篮球，天明也喜欢打篮球。
Wénzhōng xǐhuān dǎ lánqiú, Tiānmíng yě xǐhuān dǎ lánqiú
원중은 농구를 좋아하고, 티엔밍도 농구를 좋아한다.

他们都喜欢打篮球。
Tāmen dōu xǐhuān dǎ lánqiú
그들 모두 농구를 좋아한다.

张文中很高，李天明也很高。
Zhāngwénzhōng hěn gāo, Lǐtiānmíng yě hěn gāo
장 원중은 키가 크고, 리 티엔밍도 키가 크다.

他们两个人都很高。
Tāmen liǎng ge rén dōu hěn gāo
그들 둘 다 키가 크다.

他们四个人都是学生。
Tāmen sì ge rén dōu shì xuésheng
그들 네 사람은 모두 학생이다.

他们都不胖。 그들 다 뚱뚱하지 않다.
Tāmen dōu bú pàng

☞ **부사 (1) 也、都、全**

부사는 동사, 형용사 앞에서 수식이나 제한하는 단어를 말한다.

1. 也(yě)

1) 두 문장의 주어가 같을 때

두 문장이 이어지고 문장에서 주어가 같을 때 也는 또한 이나 뿐만 아니라의 의미가 있다. 都 나 全은 쓸 수 없다.

형식: 주어 …, (주어) + 也 …

玛丽很年轻，也漂亮。 메리는 젊고, 이쁘다.
Mǎlì hěn niánqīng, yě hěn piàoliang.

她会说英语，也会说汉语。
Tā huì shuō Yīngyǔ, yě huì shuō Hànyǔ.
그녀는 영어도 할 수 있고, 중국어도 할 수 있다.

Unit 25. 동사, 개사 在

Unit 25-1.

他们在哪儿?　그들은 어디에 있어?
Tāmen zài nǎr?

他们在图书馆。　그들은 도서관에 있어.
Tāmen zài túshūguǎn.

他们在图书馆做什么?　그들은 도서관에서 뭐해?
Tāmen zài túshūguǎn zuò shénme?

他们在图书馆看书、写作业。　그들은 도서관에서 책보고 숙제한다.
Tāmen zài túshūguǎn kàn shū, xiě zuòyè.

小明在餐厅做什么?　샤오밍은 식당에서 뭐해?
Xiǎomíng zài cāntīng zuò shénme?

小明在餐厅上班。　샤오밍은 식당에서 일해.
Xiǎomíng zài cāntīng shàng bān.

☞

老师在黑板上写汉字。　선생님이 칠판에 글씨를 쓴다.
Lǎoshī zài hēibǎn shàng xiě Hànzi

주어 + 在 + 장소 + 동사
　　　　부사어　　술어
※ 동사한 장소가 중요

U 25-1. 해석한 내용대로 문장을 만드세요.

예: 游泳、海边 → 他们在海边游泳。그들은 해변에서 수영한다.
　　yóu yǒng hǎi biān

1. 她(　　　　　　　)。花店、工作
Tā huādiàn gōngzuò
그녀는 꽃가게에서 일한다.

2. 他(　　　　　　　)。公院、跑步
Tā gōngyuán pǎobù
그는 공원에서 달리기한다.

3. 他(　　　　　　　) 客厅、看电视
Tā kètīng kàn diànshì
그는 거실에서 TV를 본다

4. 她们(　　　　　　　)。动物园前面、照相
Tāmen dòngwùyuàn qiánmiàn zhào xiàng
그녀들은 동물원 앞에서 사진을 찍는다.

5. 他们(　　　　　　　)。电影院门口、等人
Tāmen diànyǐngyuàn ménkǒu děng rén
그들은 영화관 앞에서 사람을 기다린다.

Unit 25-2. 동사 + 在 + 장소

동사 + 在 + 장소

他住在二楼。 그는 2층에 산다.
Tā zhù zài èr lóu.

小文坐在教室后面。 샤오원은 교실 뒤쪽에 앉아 있다.
Xiǎowén zuò zài jiàoshì hòumiàn.

小猫躺在弟弟的脚上。 고양이가 동생 발 위에 누워 있다.
Xiǎomāo tǎng zài dìdi de jiǎo shàng.

☞

名片放在桌子上。 명함을 탁자 위에 놓아두었다.
Míngpiàn fàng zài zhuōzi shàng

주어 + 동사 + 在 + 장소
       술어 + 보어 + 목적어

※ 주어 나 목적어의 위치가 중요

U 25-2. 단어를 이용해서 문장을 만드세요.

예: 躺、床、上、在、他 → 他躺在床上。 그는 침대에 누워 있다.
tǎng, chuáng, shàng, zài, tā → tā tǎng zài chuán shàng.

1. 站、沙发、旁边、在、他　그가 소파 옆에 서 있다.
zhàn, shāfā, pángbiān, zài, tā

2. 睡、在、窗户、下面、小狗　강아지가 창문 아래서 자고 있다.
shuì, zài, chuānghu, xiàmiàn, xiǎogǒu

3. 住、我家、对面、她、在　그녀는 우리 집 앞에 산다.
zhù, wǒ jiā, duìmiàn, tā, zài

4. 坐、天明、文英、中间、小芳、在、和
zuò, Tiānmíng, Wényīng, zhōngjiān, Xiǎofāng, zài, hé
샤오팡은 원밍과 티엔밍 중간에 앉아 있다.

5. 停、狗屋、上面、小鸟、在　새가 개집 위에 머물고 있다.
tíng, gǒuwū, shàngmiàn xiǎoniǎo, zài

6. 走、我、后面、他、在　그가 내 뒤에서 걷고 있다.
zǒu, wǒ, hòumiàn, tā, zài

U 25-3. 단어를 이용해서 문장을 만드세요.

예: 放、杯子、上、在、桌子
fàng, bēizi, shàng, zài, zhuōzi

杯子放在桌子上。 컵이 탁자 위에 있다.
Bēizi fàng zài zhuōzi shàng

1. 在、停、前面、我的车、他家   내 차를 그의 집에 앞에 세워두었다.
zài, tíng, qiánmiàn, wǒ de chē, tā jiā

2. 里面、放、饮料、冰箱、在   음료가 냉장고 안에 있다.
lǐmiàn, fàng, yǐnliào, bīngxiāng, zài

3. 看书、他、在、床上、躺   그는 침대에 누워서 책을 본다.
kàn shū, tā, zài, chuáng shàng, tǎng

4. 树下、坐、吃面包、在、我们   우리는 나무 아래에 앉아서 빵을 먹는다.
shū xià, zuò, chī miànbāo, zài, wǒmen

5. 门口、在、站、一些人、教室、聊天
ménkǒu, zài, zhàn, yì xie rén, jiàoshì, liáo tiān
사람들이 교실 앞에 서서 이야기를 나눈다.

에듀컨텐츠·휴피아
CH Educontents Huepia

Unit 26. 又……又……

A: 欧洲怎么样?漂不漂亮?　유럽 어땠어? 아름답지?
Ou zhōu zěnmeyàng? piào bu piàoliang

B: 我觉得北欧又干净又漂亮。　북유럽은 깨끗하고 아름다워.
Wǒ juéde běiōu yòu gānjīng yòu piàoliang

C: 欧洲很多国家又有文化，又有历史，我想你应该会喜欢。
ōuzhōu hěn duō guójiā yòu yǒu wénhuà, yòu yǒu lìshǐ,
wǒ xiǎng nǐ yīnggāi huì xǐhuān
유럽의 많은 나라는 문화와 역사가 있지, 너도 분명히 좋아 할거야.

☞
주어 + 又 + 형용사 …又 + 형용사

又很干净又很漂亮 ×

→ 又干净又漂亮 ○　깨끗하고 아름다워.
yòu gānjīng yòu piàoliang

又很渴又很累 ×

→ 又渴又累 ○　목마르고 피곤하다.
yòu kě yòu lèi

※ 정도부사 很은 수식할 수 없다.

주어 + 又 + 동사 …又 + 동사

두 가지 성질을 다 갖고 있음을 나타내고 두 가지 행동이 발생하였음을 나타내지만 꼭 동시는 아니다.

U 26-1. 적당한 단어를 골라 又……又……를 사용하여 문장을 완성하세요.

예: 可怕、美丽、聪明　무섭다, 아름답다, 똑똑하다.
kěpà, měilì　cōngmíng

→ 我妹妹(又美丽又聪明)谁都喜欢她。
Wǒ mèimei (yòu měilì yòu cōngmíng) shéi dōu xǐhuān tā.
내 여동생은 예쁘고 똑똑해서 누구나 다 좋아한다.

1. 旧 낡았다　新 새롭다　脏 더럽다.
　　jiù,　　　xīn,　　　zāng

→ 这件衣服(　　　), 没有人要穿。
Zhè jiàn yīfu (　　　), méi yǒu rén yào chuān.
이 옷은 (　　　), 입을 사람이 없다.

2. 香 향기롭다　苦 쓰다　难喝 마시기 어렵다.
　　xiāng,　　　kǔ,　　　nán hē

→ 咖啡(　　　), 爸爸不喜欢喝。
Kāfēi (　　　), bàba bù xǐhuan hē.
커피가 (　　　), 아버지는 마시는 걸 안 좋아한다.

3. 安全 안전하다 危险 위험하다 干净 깨끗하다
   ānquán,   wēixiǎn,   gānjing

→ 这家饭店(   ), 我们住这家吧。
Zhè jiā fàndiàn (   ), wǒmen zhù zhè jiā ba.
이 호텔이 (   )하니. 우리 여기 묵자.

4. 贵 비싸다 新鲜 신선하다 便宜 싸다
   guì,   xīnxiān,   piányi

→ 这家餐厅的菜(   ), 客人很多。
Zhè jiā cāntīng de cài (   ), kèrén hěn duō.
이 식당의 음식이 (   ), 손님이 많다.

5. 无聊 지루하다 有趣 재미있다 没意思 재미없다
   wúliáo,   yǒuqù,   méi yìsi

→ 这个节目(   ), 我不想看。
Zhè ge jiémù (   ), wǒ bù xiǎng kàn.
이 프로그램이 (   ), 나는 보고 싶지 않다.

Unit 26-2. 先……, 再……

A: 我没去过欧洲，你想不想去？ 나 유럽 안 가봤어. 너 가봤어?
   Wǒ méi qù guò ōuzhōu, nǐ xiǎng bu xiǎng qu?

B: 我想去啊。 나 가보고 싶어.
   Wǒ xiǎng qù

明年春节我打算先去义大利再去法国。
Míngnián chūnjié wǒ dǎsuàn xiān qù Yìdàlì zài qù Fǎguǒ.
내년 설에 먼저 이태리 가고 나중에 프랑스 갈 생각이야.

你先告诉我，然后我再告诉他。
Nǐ xiān gàosu wǒ, ránhòu wǒ zài gàosu tā.
네가 먼저 나에게 말해주고, 나중에 내가 그에게 말해줄게.

U 26-2. 先……, 再……를 이용하여 문장을 만드세요.

예: 小明给老板钱 10:20、
Xiǎomíng gěi lǎobǎn qián
사장에게 돈을 준다. 10:20.

老板给小明香蕉 10:18
lǎobǎn gěi Xiǎomíng xiāngjiāo
샤오밍에게 바나나를 준다. 10:18.

→ 老板先给小明香蕉，小明再给老板钱。
lǎobǎn xiān gěi Xiǎomíng xiāngjiāo, Xiǎomíng gěi lǎobǎn qián
사장이 먼저 샤오밍에게 바나나를 주고, 샤오밍이 나중에 사장에게 돈을 준다.

1. 游泳: 下午、骑自行车: 上午　수영: 오전, 자전거 타기: 오후
yóu yǒng: xiàwǔ, qí zìxíng chē: shàngwǔ
(游泳、骑自行车)
→ 他们(　　　　　)

2. 2023年 3月 明华叫大成汉语　밍화가 다청에게 중국어를 가르친다.
Mínghuá jiào Dàchéng Hànyǔ

2023年 6月 大成叫明华日语　다청이 밍화에게 일어를 가르친다.
Dàchéng jiào Mínghuá Rìyǔ

(叫大成汉语、叫明华日语)
明华、大成(　　　　　)。

3. 寄信12:15、吃饭 12:30　편지를 보내기, 밥먹기
jì xìn　　chī fàn
(寄信、吃饭)
小芳(　　　　　)。

4. 跳舞22:00、唱歌 20:00　춤 추기, 노래 부르기
tiào wǔ　　chàng gē
(跳舞、唱歌)
→ 他们(　　　　　)。

Unit 27. 她一有机会就练习汉语

Unit 27-1. 一点儿 + 都/也 + 不 + 동사

玛丽刚来的时候，一个朋友也没有，一点儿汉语都不懂。
Mǎlì gāng lái de shíhou, yí ge péngyou yě méiyǒu, yì diǎnr Hànyǔ dōu bù dǒng
메리가 막 왔을 때는 친구도 없고 중국어도 전혀 몰랐다.

一…… 都/也 + 没有、不를 써서 부정을 강조한다.

형식:
一点儿 + 也不가 분리된 경우

1) 一 + 양사 + 명사 + 都/也 + 没有

(衣柜里)一件衣服都/也没有。 (옷장 안에) 옷 이 한 벌도 없다.
Yīguì lǐ yí jiàn yīfu dōu/yě méiyǒu

2) 一 + 양사 + 명사 + 都/也 + 没有、不 + 동사

一个汉字都/也没写。 한자를 한 글자도 못썼다.
Yí ge hànzì dōu/yě méi xiě

3) 一点儿 + 명사 + 都/也 + 没有

4) 一点儿 + 명사 + 都/也 + 没有、不 + 동사

(最近大卫忙得) 최근 데이비드가 바빠서
Zuìjìn dàwèi máng de

一点儿时间都/也没有。 전혀 시간이 없다.
Yì diǎnr shíjiān dōu/yě méiyǒu

一点儿都/也没有时间。 전혀 시간이 없다.
Yì diǎnr dōu/yě méiyǒu shíjiān

一点儿 + 也不가 붙은 경우

5) 一点儿 + 都/也 + 没有 + 명사
6) 一点儿 + 都/也 + 没有、不 + 동사 + 명사

大卫病了, 데이비드가 병이 나서
Dàwèi bìng le

一点儿东西都/也不想吃。 아무것도 먹고 싶지 않다.
Yì diǎnr dōngxi dōu/yě bù xiǎng chī

一点儿都/也不想吃东西。 아무것도 먹고 싶지 않다.
Yì diǎnr dōu/yě bù xiǎng chī dōngxi

A. 他一点儿也不怀疑这件事。 그는 이 일을 조금도 의심하지 않고 있다.
Yì diǎnr dōu/yě bù huáiyí zhè jiàn shì

B. 他一点儿东西也不吃。 그는 아무것도 먹지 않는다.
Yì diǎnr dōngxi dōu/yě bù chī

(× 他一点儿也不吃东西。) 그는 아무것도 먹지 않는다.
Yì diǎnr dōu/yě bù xiǎng chī dōngxi

앞의 두 문장에서 목적어 위치가 다름을 알 수 있다.

A 문장에서 一点儿 은 부정의 강조로 一点儿也不는 분리할 수 없다. 문장의 의미는 술어인 怀疑에 중점을 두고 있다. B 문장의 의미는 一点儿의 목적어인 东西에 있다. 실제적으로는 목적어인 东西의 양사이다 一点儿东西를 분리하면 어색한 문장이 된다.

他昨天一点儿饭也没吃。(* 他昨天一点儿也没吃饭。)
Tā zuótiān yìdiǎnr fàn yě méi chī
그는 어제 아무것도 먹지 않았다.

他一点儿汤也没喝。(* 他一点儿也没喝汤。)
Tā yìdiǎnr tāng yě méi hē hē
그는 국물을 조금도 마시지 않았다.

※
1) 위, 아래 문장이 분명할 때 명사는 생략할 수 있다.

2) 不 뒤에 동사가 올 때 일반적으로 조동사나 심리 상태를 나타내는 동사가 올 수 있다.

想、会、喜欢、感兴趣

U 27-1. 「一…… 都/也……」문형을 이용하여 문장을 바꾸세요.

예: 他没写字。 그는 글자를 쓰지 않았다.
Tā méi xiě zì.

→ 他一个字都没写。 그는 한 글자도 쓰지 않았다.
Tā yí ge zì dōu méi xiě.

→ 他一个字也没写。 그는 한 글자도 쓰지 않았다.
Tā yí ge zì yě méi xiě.

1. 小明没买书。 샤오밍은 책을 사지 않았다.
Xiǎomíng méi mǎi shū.
→ (   )。

2. 我不会说法语。 나는 불어를 할 줄 모른다.
Wǒ bú huì shuō Fǎyǔ.
→ (   )。

3. 教室里没有人。 교실에는 사람이 없다.
Jiàoshì li méi yǒu rén.
→ (   )。

4. 他没有钱。 그는 돈이 없다.
Tā méi yǒu qián.
→ (   )。

5. 小芳不能喝酒。 샤오팡은 술을 마실 줄 모른다.
Xiǎofāng bù néng hē jiǔ.
→ (   )。

Unit 27-2. 一点儿 + 都/也 + 不 + 형용사

她觉得这里的冬天一点儿也不冷。
Tā juéde zhè li de dōngtiān yì diǎnr yě bù lěng
그녀는 여기 겨울이 조금도 춥지 않다고 여겼다.

空调开着，宿舍里一点儿也/都不热。
Kōngtiáo kāi zhe, sùshè lǐ yì diǎnr yě / dōu bú rè
에어컨을 켜서 기숙사는 전혀 덥지 않다.

형식: 一点儿 + 都/也 + 不 + 형용사

U 27-2. 「老、贵、脏、难、好吃、危险」를 써서 문장을 만드세요.

老、贵、脏、难、好吃、危险
lǎo, guì, zāng, nán, hǎo chī, wēixiǎn
늙다, 비싸다, 더럽다, 어렵다, 맛있다, 위험하다.

예: 汉语: 容易   중국어: 쉽다.
Hànyǔ   róngyì

→ 汉语一点儿 也/都 不难。 중국어는 조금도 어렵지 않다.
Hànyǔ yì diǎnr yě / dōu bù nán

1. 弟弟的房间: 干净   동생의 방: 깨끗하다.
Dìdi de fángjiān: gānjing
→ (   )。

2. 姐姐新买的裙子: 便宜   언니가 새로 산 치마, 싸다.
Jiějie xīn mǎi de qúnzi: piányi
→ (   )。

3. 那家餐厅做的鱼: 难吃   그 식당에서 만든 생선, 맛없다.
Nà jiā cāntīng zuò de yú :nán chī
→ (   )。

4. 这座桥: 安全   이 다리: 안전하다.
Zhè zuò qiáo: ānquán
→ (   )。

5. 奶奶: 还很年轻   할머니, 아직 젊으시다.
Nǎinai hái hěn niánqīng
→ (   )。

Unit 27-3. 一……就……

家乐一有机会，就练习汉语。   지아러는 기회만 있으면, 중국어를 연습한다.
Jiālè yī yǒujī huì, jiù liànxí Hànyǔ

他一到家，就下雨了。   그가 집에 도착하자, 비가 내렸다.
Tā yí dào jiā, jiù xià yǔ le

一……就

1) 두 가지 동작이나 행동이 중단없이 연이어 일어난다.

大卫一上飞机就把手机关了。   데이비드는 비행기를 타자 핸드폰을 껐다.
Dàwèi yí shàng fēijī jiù bǎ shǒujī guān le

주어가 다를 때 주어는 一……就 앞에 두어야 한다.

2) 어떤 조건이 갖추어지면 어떤 결과가 나타난다.

大卫一考试就紧张。   데이비드는 시험만 보면 긴장한다.
Diàwèi yì kǎoshì jiù jǐnzhāng

大卫不喜欢看书，他常常一看书就想睡觉。
Dàwèi bù xǐhuān kàn shū, tā cháng cháng yí kàn shū jiù xiǎng shuì jiào
데이비드는 보는 걸 좋아하지 않는다, 그는 늘 책만 보면 졸린다.

U 27-3. 「一…… 就……」를 이용하여 문장을 만드세요.

예: 我 , 下班 → 我 , 去看电影
wǒ, xià bān → wǒ, qù kàn diànyǐng

→ 我一下班就去看电影。 나는 퇴근하자마자 바로 영화 보러 간다.
Wǒ yī xià bān jiù qù kàn diànyǐng

1. 心美 , 喝酒 → 心美 , 不舒服
   Xīnměi, hē jiǔ → Xīnměi, bu shūfu
   → (   )。 신메이는 술만 마시면 불편하다.

2. 秋华 , 毕业 → 秋华 , 找到工作
   Qiūhuá, bì yè → Qiūhuá, zhǎo dào gōngzuò
   → (   )。 치우화는 졸업하자마자 직장을 구했다.

3. 学生 , 看到老师 → 学生 , 安静
   Xuēshēng, kàn dào lǎoshī → Xuēshēng, ānjìng
   → (   )。 학생들은 선생님을 보자 조용해졌다.

4. 天明 , 紧张 → 天明 , 想去洗手间
   Tiānmíng, jǐnzhāng → Tiānmíng, xiǎng qù xǐshǒujiān
   → (   )。 티엔밍은 긴장만 하면 화장실에 가야 한다.

5. 文英 , 下课 → 文英 , 去图书馆
   Wényīng, xià kè → Wényīng, qù túshūguǎn
   → (   )。 원잉은 수업 끝나자마자 도서관에 간다.

6. 孩子, 哭 → 妈妈 着急
Háizi, kù → māma, zháojí
→ (   )。 아이가 울자 엄마가 마음을 졸이다.

7. 妹妹, 唱歌 → 爷爷, 开心
Mèimei, chàng gē → yěye, kāi xīn
→ (   )。 여동생이 노래하면 할아버지는 즐겁다.

Unit 28. 有的……有的……一边……一边……

这写书，有的是我的，有的是姐姐的。
Zhè xie shū, yǒu de shì wǒ de, yǒu de shì jiějie de
이 책 중 어떤 것은 내 책이고, 어떤 건 언니 책이야.

他们，有的在跳舞，有的在唱歌。
Tāmen yǒu de zài tiào wǔ, yǒu de zài chàng gē
그들 중 어떤 사람들은 춤추고, 어떤 사람들은 노래를 부른다.

他们，一边唱歌，一边跳舞。
Tāmen yí biàn chàng gē, yí biàn tiào wǔ
그들은 노래하면서 춤춘다.

U 28. 그들은 무엇을 하고 있습니까?

「有的……有的……」 또는 「一边……一边……」을 사용해서 문장을 만드세요.

예: 吃东西、看报 음식 먹기, 신문보기
chī dōngxi, kàn bào

她一边吃东西，一边看报。 그녀는 음식 먹으면서 신문 본다.
Tā yíbiàn chī dōngxi, yí biàn kàn bào。

1. 打篮球、打棒球
   dǎ lánqíu, dǎ bàngqíu
   → 누구는 농구하고, 누구는 야구한다.

2. 游泳、喝饮料
yóu yǒng, hē yǐnliào
→ 누구는 수영하고, 누구는 음료를 마신다.

3. 开车、听音乐
kāi chē, tīng yīnyuè
→ 그 사람은 운전하면서 음악을 듣는다.

4. 看书、休息
kàn shū, xiūxi
→ 그들은 누구는 책보고, 누구는 쉰다.

5. 走路、聊天
zǒu lù, liáo tiān
→ 그들은 걸어가면서 이야기를 나눈다.

Unit 29. 还是 또는 或者

A: 你想这个星期还是下个星期去海边?
Nǐ xiǎng zhè ge xīngqi háishì xià ge xīngqī qù hǎibiān?
이번 주 아니면 다음 주 언제 해변에 갈거야?

B: 这星期或者下星期都可以。
Zhè xīngqi huòzhě xià xīngqī dōu kěyǐ。
이번 주, 다음 주 모두 다 가능해.

☞ 还是 또는 或者

1) 还是

부사와 연결사로 쓰인다.

1. 부사 동작이나 행동 또는 상태가 아직 일어나지 않고 원래 상황을 계속 유지함을 나타낸다.

这部电影小明已经看过一遍了，但他还是想看。
Zhè bù diànyǐng Xiǎomíng yǐjīng kàn guò yí biàn le, dàn tā hái xiǎng kàn
이 영화를 샤오밍은 이미 한 번 다 봤다, 그러나 그는 또 보고 싶어한다.

2. 부사 비교과 고민한 끝에 내린 마지막 선택, 뒤에 선택의 결과가 온다.

周五我要工作，还是选周末吧。
Zhōu wǔ wǒ yào gōngzuò, hái shì xuǎn zhōumè ba
토요일 나는 일해야 해, 아무래도 주말로 정하자.

3. 연결사 선택관계를 나타낸다. 선택 대상은 2개 이상이다.

연결사로 선택 관계를 나타낸다. 선택 대상은 2개 이상이다.

或者와의 차이

1) 或者가 선택을 나타낼 때 일반 서술문에서 사용하고 의문문에서 쓸 수 없다.

2) 보기에 의문문이 아닌 문장에서도 还是만 쓸 수 있고 或者는 쓸 수 없다. 还是가 포함된 문장이 사실은 의문문이기 때문이다.

U 29. 还是 또는 或者를 맞는 곳에 써넣으세요.

예 A: 你打算坐火车(　　)坐公车去东部?
　　Nǐ dǎsun zuò huǒchē (　　) zuò gōngchē qù dōngbù?
　　너는 기차 탈 거야 아니면 버스 타고 동부에 갈 거야?
　B: 坐火车(　　)坐公车去都好。
　　Zuò huǒchē (　　) zuò gōngchē qù dōu hǎo。
　　기차 나 버스 다 좋아.

1. A: 你要喝咖啡(　　)可乐? 커피 마실래 아니면 콜라 마실래?
Nǐ yào hē kāfēi (　　) kělè ?

　B: 喝咖啡(　　)可乐都可以。 커피 나 콜라 다 좋아.
Hē kāfēi (　　) kělè dōu kěyǐ

2. A: 这件衬衫有很多不同的颜色，买哪一种送爸爸好呢?
Zhè jiàn chènshān yǒu hěn duō bù tóng de yánsè, mǎi nǎ yì zhǒng sòng bàba hǎo ne?
이 셔츠는 색상이 다양한데, 어떤 걸 사서 아버지 드리면 좋을까?

B: 买红色(　　)黄色的吧，有年轻的感觉。
Mǎi hóng sè (　　) huáng sè de ba, yǒu niánqīng de gǎnjué
빨간색이나 노란색을 사, 젊은 느낌이잖아.

3. A: 我觉得这两部电影都很好看。 이 영화 둘 다 재미있겠는데.
Nǐ juéde zhè liǎng bù diànyǐng dōu hěn hǎo kàn 。

B: 那你决定看这部(　　)看那部？ 이건지 저건지 정해?
Nà nǐ juédìng kàn zhè bù (　　) kàn nà bu?

에듀컨텐츠·휴피아
CH Educontents Huepia

Unit 30. 这双鞋有大一点的?

Unit 30-1.

这两条裙子,我喜欢短的。 이 치마 두 벌 중 나는 짧은 게 좋아.
Zhè liǎng tiáo qúnzi, wǒ xǐhuān duǎn de

那两辆车,哪辆是你的? 저 차 두 대중 어느 차가 당신 차야?
Nà liǎng liàng chē, nǎ liàng shì nǐ de ?

大的是我的,小的是我妹妹的。 큰 차가 내 차고, 작은 것은 동생 차야.
Dà de shì wǒ de, xiǎo de shì wǒ mèimei de

U 30-1. 선택과 해석에 맞게 답하세요.

예: 这两杯咖啡,你想喝哪杯?
Zhè liǎng bēi kāfēi, nǐ xiǎng hē nǎ bēi?
이 두 잔 커피 중 무얼 마시고 싶어?

冰 ○、热 × bīng rè

→ (我想喝冰的)。 난 아이스 커피 먹고 싶어.
Wǒ xiǎng hē bīng de

1. 那两个女孩子,哪个住楼上? 두 여자 중 어느 여자가 위층에 살아?
   Nǎ liǎng ge nǚ háizi, nǎ ge zhù lóu shàng ?

矮的女孩子住三楼。 작은 여자는 3층에 산다.
ǎi de nǚ háizi zhù sān lóu

高的女孩子住二楼。 큰 여자는 2층에 산다.
Gāo de nǚ háizi zhù èr lóu

→ (　　　　　　)。

2. 那两位先生, 哪位姓林? 두 남자 중 어느 분이 임 선생이야?
Nǎ liǎng wèi xiānsheng, nǎ wèi xìng Lín?

林先生:瘦、　　王先生: 胖
Lín xiānsheng: shòu, Wáng xiānsheng: pàng
임선생, 마름, 왕선생: 살찜

→ (　　　　　　)。

3. 这两个表, 你要买哪个?
Zhè liǎng ge biǎo, nǐ yào mǎi nǎ ge?
이 두 손목시계 중 어느 걸 살 거야.

方　×、圆　○
Fāng, yuán
네모난 거, 둥근 거.

→ (　　　　　　)。

4. 那两位小姐, 哪位是是你同事? 두 분 중 어느 분이 직장 동료야?
Nà liǎng wèi xiǎojie, nǎ wèi shì ní tóngshì ?

年轻 ○、年纪大 ×
Niánqīng, niánjì dà
젊은 사람, 나이 든 분

→ (   )。

Unit 30-2. 有(一)点儿 과 一点儿

请问, 这双鞋有没有大一点的? 이 신발 좀 더 큰 거 있나요?
Qǐngwèn, zhè shuāng xié yǒu méi yǒu dà yì diǎn de?
이 신발 좀 더 큰 거 있나요?

这双鞋有大一点的吗? 이 신발 좀 더 큰 거 있나요?
 Zhè shuāng xié yǒu méi yǒu dà yì diǎn de ma?

这张桌子太矮了。 이 탁자는 너무 낮다.
Zhè zhāng zhuōzi tài ǎi le

我要高一点的。 좀 더 높은 걸 원해
Wǒ yào gāo yì diǎn de

☞ 有(一)点儿과 一点儿

有一点儿 과 一点儿 은 모두 수량이 적거나 정도가 약함을 나타낸다.
有一点儿은 부사이고, 一点儿은 수량사이다.

1. 有点儿

有一点儿은 형용사와 동사를 수식할 수 있으며 말하는 사람의 원하지 않았거나 부정적인 의미나 불만을 나타낸다. 회화에서 보통 一를 생략하여 有点儿로 쓴다.

형식: 有一点儿 + 형용사 / 동사

有点儿远。 좀 멀다.
Yǒu diǎnr yuǎn.

她有点儿害怕。 그녀가 조금 무서워한다.
Tā yǒu diǎnr hàipa.

※
① 有一点儿 이 수식하는 동사는 보통 심리적인 감정을 나타내는 동사로 자주 쓰는 것에는 아래 동사가 있다.

讨厌 싫어하다, 미워하다.　害怕 무서워하다.　恨 증오하다.
tǎoyàn,　　　　　　　　hàipà,　　　　　　hèn,

烦 걱정하다, 답답하다.　生气 성내다, 화내다.　怀疑 의심하다.
fán,　　　　　　　　　shēngqì,　　　　　　huáiyí

遗憾 유감스럽다.
yíhàn

② 有点儿高兴이나 有点儿漂亮이라고 말할 수 없다. 이 형식은 적극적이거나 긍정적인 감정을 나타낼 때는 사용할 수 없다.

有点儿高兴。 ×　 기분이 좀 좋다
Yǒu diǎnr bù gāoxìng.

有点儿不高兴。○　 기분이 좀 안좋다
Yǒu diǎnr bù gāoxìng.

2. 一点儿

一点儿은 보통 명사를 수식하며 또한 형용사 뒤에서 비교의 결과를 나타낼 수 있다.

형식: 1) 동사 + (一)点儿 + (명사)
      2) 형용사 + (一)点儿

A: 你会说一点儿汉语。　당신은 중국어를 약간 할 수 있다.
　 Nǐ huì shuō yì diǎnr Hànyǔ.

B: 我会说一点儿(汉语)。　나는 중국어를 좀 할 수 있다.
　 Wǒ huì shuō yì diǎnr (Hànyǔ).

哥哥(比弟弟)高一点儿。 형이 (동생보다) 약간 키가 크다.
Gēgē (bǐ dìdi) gāo yì diǎnr.

※① 一点儿은 명사 뒤에 올수 없다. 명사 앞에서, 관형어로 쓰인다.

吃东西一点儿。 ×

② 형용사 앞에서 부사어로 쓸 수 없다. 형용사 뒤에서 보어로 쓰인다.

昨天一点儿冷。 ×

③ 사물의 양이 적거나 정도가 약함을 나타낸다. 요구 사항을 말할 때 一点儿은 말투가 가볍고, 예의 있게 바꿀 수 있다.

小姐，请给我倒(一)点儿红酒。　아가씨. 포도주 좀 따라 주세요.
Xiǎojiě, qǐng gěi wǒ dào yì diǎnr hóngjiǔ.

3. 有一点儿과 一点儿

소극적이거나 불만을 나타낼 때 有一点儿과 一点儿을 모두 쓸 수 있다.
有一点儿은 문장에서 부사어로 사용한다. 一点儿은 보어로 쓰인다.

형식: 有一点儿 + 형용사 / 동사 = 형용사 + 了 + (一)点儿

这双鞋有一点大。 이 신발은 너무 크네.
Zhè shuāng xiézi yǒu diǎnr dà.

这双鞋子大了(一)点儿。
Zhè shuāng xiézi dà le (yì) diǎnr.

这件衣服有点儿贵。 이 옷 너무 비싸다.
Zhè jiàn yīfu yǒu diǎnr guì.

这件衣服贵了(一)点儿。 이 옷 너무 비싸다.
Zhè jiàn yīfu guì le (yì) diǎnr.

U 30-2. (   ) 안의 단어를 이용해서 질문을 만드세요.

예: 这个照相机太贵了, (便宜) 이 카메라 너무 비싸, (싸다.)
Zhè ge zhàoxiàng jī tài guì le, (piányi)

→ 有没有便宜一点的? 좀 싼 거 없어?
Yǒu méi yǒu piányi yì diǎn de?

→ (有便宜一点的吗)? 좀 싼 거 없어?
Yǒu piányi yì diǎn de ma?

1. 这条裤子有点儿短 , (长)   이 바지는 많이 짧다. (길다.)
Zhè tiáo kùzi yǒu diǎnr duǎn, (cháng)
→ (   )?

2. 这个房子离车站太远 , (近)   이 집은 정거장에서 너무 멀다. (가깝다.)
Zhè ge fángzi lí chēzhàn tài yuǎn, (jìn)
→ (   )?

3. 这个西瓜不太甜 , (甜)   이 수박은 별로 안 달다. (달다.)
Zhè ge xīguā bú tài tián, (tián)
→ (   )?

4. 这个房间有点儿脏 (干净)   이 방은 너무 더럽다.
Zhè ge fángjiān yǒu diǎnr zāng (gānjīng)
→ (   )?

5. 这条鱼不怎么新鲜 , (新鲜)   이 생선은 그리 신선하지 않다.
Zhè tiáo yǔ bù zěnme xīnxiān (xīnxian)
→ (   )?

Unit 30-3. 比较、更、最

这两辆车 , 大的贵 , 小的便宜。   이 차 두 대 중 큰 거 비싸고, 작은 건 싸.
Zhè liǎng liàng chē, dà de guì, xiǎo de piányi。

→ 小的比较便宜。   작은 게 싼 편이야.
Xiǎo de bǐjiào piányi

这两条裙子 , 我觉得长的好看。   이 치마 두 벌 중 긴게 이쁜거 같애.
Zhè liǎng tiáo qúnzi, wǒ juéde cháng de hǎo kàn.

→ 我觉得长的比较好看。 긴 것이 이쁜 편이야.
Wǒ juéde cháng de bǐjiào hǎo kàn.

他们两个人都很高。 그 두 사람 다 키가 커.
Tāmen liǎng ge rén dōu hěn gāo.

王先生高,可是林先生更高。 왕선생이 큰데, 임선생은 더 커.
Wáng xiānsheng gāo, kěshì Lín xiānsheng gèng gāo

A: 那三个人,谁最高? 저 세명 중 누가 제일 커?
Nà sān ge rén, shéi zuì gāo?

B: 中间的最高。 중간에 있는 사람이 제일 커.
Zhōngjiān de zuì gāo

A: 谁最矮? 누가 제일 작아?
Shéi zuì ǎi

B: 左边的最矮。 왼쪽에 있는 사람이 제일 작아.
Zuǒbiān de zuì ǎi

U 30-3. 比较、更、最 중 알맞은 것을 쓰세요.

예: 法国菜好吃,可是我觉得中国菜(更)好吃。
Fǎguó cài hǎo chī, kěshì wǒ juéde Zhōngguó cài (   ) hǎo chī
프랑스 요리는 맛있어, 그런데 나는 중국요리가 (더) 맛있어.

1. 飞机票太贵了,坐火车虽然慢一点,可是(   )便宜。
Fēijī tài guì le, zuò huǒchē suīrán màn yì diǎn, kěshì (   ) piányi
비행기 값이 너무 비싸. 기차가 좀 느려도 (   ) 싸.

2. 这家店卖的空调里面这种是( )安静的，就买这种吧。
Zhè jiā diàn mài de kōngtiáo lǐmiàn zhè zhǒng shì ( ) ānjìng de, jiù mǎi zhè zhǒng ba
여기서 파는 에어컨 중 이 기종이 ( ) 조용해. 이걸로 사자.

3. 你爸爸跟你伯伯，谁( )高?
Nǐ bàba gēn bóbo, shéi ( ) gāo?
아버지와 큰 아버지 중 누가 ( ) 커?

4. 一成的中文说得不错，可是大卫的中文说得( )好。
Yīchéng de Zhōngwén shuō de bú cuò, kěshì Dàwèi de Zhōngwén shuō de ( ) hǎo
이청이 중국어를 잘하는데, 데이비드가 ( ) 잘해.

5. 我们三个人，小芳进步得( )多;这次考试她进步了十分。
Wǒmen sān ge rén, Xiǎofāng jìnbù de ( ) duō, zhè cì kǎoshì tā jìnbù le shífēn
세 명 중 샤오팡이 ( ) 빨리 배워, 이번 시험에서 많이 발전했어.

6. 海边的风景很漂亮，可是山上的风景( )美。
Hǎibiān de fēngjǐng hěn piàoliang, kěshì shān shàng de fēngjǐng měi
해변 풍경도 아름답지만, 산상 풍경이 ( ) 아름다워.

U 30-4. 문제 내용을 보고 질문에 답하세요.

예: 大盒子100g、小盒子 200g
큰 상자　작은 상자

这两个盒子，哪个轻?　이 두 상자 중 어느 것이 가벼워?
Zhè liǎng ge hézi, nǎ ge qīng?
→ (这两个盒子，大的轻)。 이 상자 중 큰 상자가 가벼워.

1. 冰咖啡 50块钱、热咖啡 60块钱
Bīng kāfēi, rè kakāfēi
아이스 커피, 핫 커피

这两杯咖啡，哪杯贵？ 두 커피 중 어느 게 비싸?
Zhè liǎng bēi kāfēi, nǎ bēi guì ?

2. 大卫吃炸酱面、小明吃麻辣火锅
Dàwēi chī zhájiàngmiàn, Xiǎomíng chī málà huǒguō
데이빗은 짜장면을 먹고, 샤오밍은 마라 훠궈를 먹는다.

这两盘菜，哪盘辣？ 두 요리 중 누구 음식이 더 매워?
Zhè liǎng pán cài, nǎ pán là ?

3. 长的笔：去年买的、短的笔：昨天买的
Cháng de bǐ: qùnián mǎi de, duǎn de bǐ: zuótiān mǎi de
긴 볼펜은 작년에 구입, 짧은 것은 어제 구입

这两枝笔，哪枝新？ 두 개 중 어느 것이 새 볼펜이야?
Zhè liǎng zhī bǐ, nǎ zhī xīn ?

Unit 31. 越来越 越……越

Unit 31-1.

天气越来越热了。 날이 점점 더워진다.
Tiānqì yuè lái yuè rè le

文英越来越爱吃包子了。 원잉은 점점 만두 먹는 걸 좋아한다.
Wényíng yuè lái yuè ài chī bāozi le

☞ 越……越…… 와 越来越

越는 부사로 越……越…… 越来越는 모두 정도가 점점 심해짐을 나타낸다.

☞ 越来越 시간의 변화에 따라 정도가 심해진다.

U 31-1. 越来越를 이용하여 문장을 만드세요.

예: 奶奶的身体越来越健康(了) 할머니 건강이 점점 좋아진다.
Nǎinai de shēntǐ yuè lái yuè jiànkāng le

1. 她的头发 长   엄마 머리 길다.
māma de tóufa cháng
→ 她的头

2. 这里的商店 多   여기 가게가 많다.
zhè li de shāngdiàn duō
→ 这里的商店

3. 温度 高 (30도 → 34도) 온도가 높아졌다.
wēndù gāo
→

4. (不喜欢 → 喜欢) 跳舞 춤추는 안좋아하다가 좋아졌다.
bù xǐhuān xǐhuān tiào wǔ
她

5. (不会 → 会) 做菜 음식을 못하다, 잘하게 되었다.
bú huì   huì   zuò cài
→ 他

6. (常 → 不常) 运动 (一个星期两次 → 一个月两次)
cháng bù cháng yùndòng yì ge xīngqī liǎng cì yí ge yuè liǎng cì
→ 林先生
자주 가끔 운동 일주일에 두 번 한 달에 두 번

7. (不像 → 像) 妈妈 엄마를 닮다.
bú xiàng xiàng māma
→ 小美

Unit 31-2.

雨(下得)越来越大了。 비가 (내릴수록) 점점 세진다.
Yǔ xià de yuè lái yuè dà le

雨越下越大了。 비가 내릴수록 세진다.
Yǔ yuè xià yuè dà le

房子离学校越近，房租越贵。
Fángzi lí xuéxiào yuè jìn, fángzu yuè guì
집이 학교에서 가까워질수록 집값은 더 비싸다.

☞ 越……越 앞 상황의 변화에 따라 뒤의 상황도 점점 심해짐.

他越吃越能吃，越吃越胖。 그는 먹을수록 더 잘 먹고, 먹을수록 살찐다.
Tā yuè chī yuè néng chī, yuè chī yuè pàng

花越开越大，越大越漂亮。꽃이 필수록 커지고, 커질수록 예쁘다.
Huā yuè kāi yuè dà, yuè dà yuè piàoliang

老师越说，大卫越不明白。 선생님이 말할수록 데이빗은 더 모른다.
Lǎoshī yuè shuō, Dàwēi yuè bu míngbái

U 31-2. A 와 B 단어를 이용하여 문장을 만드세요.
(한 단어는 한 번만 쓸 수 있음)

A: 大、穿、晚、新鲜、走、洗、哭、看、写、听
dà, chuān, wǎn, xīnxiān, zǒu, xǐ, kù, kàn, xiě, tīng
크다, 늦다, 신선하다, 걷다, 씻다, 울다, 보다, 쓰다, 듣다.

B: 多、慢、脏、好吃、大声、漂亮、热闹、喜欢、
duō, màn, zāng, hǎochi, dàshēng, piàoliang, rènào, xǐhuān
많다, 느리다, 더럽다, 맛있다, 큰 소리, 예쁘다, 시끌벅적하다, 좋아하다.

B: 想睡觉、　　　不听父母的话
xiǎng shuì jiào, bù tīng fùmǔ de huà
졸리다, 부모 말을 안 듣는다.

예: 一成的中文歌越唱越好了。
Yìchéng de Zhōngwén gē yuè chàng yuè hǎo le
이청은 중국노래를 부를수록 잘한다.

1. 天气冷了, 大家的衣服就(   )
Tiānqì lěng le, dàjiā de yīfu
날이 추워지자, 모두 옷들이 모두 (   ).

2. 小孩子饿了, 当然 (   ).
Xiǎo háizi è le, dāngrán
아이가 배가 고프다, 당연히 (   ).

3. 这件衣服怎么 (   ).
Zhè jiàn yīfu zěnme
이 옷은 아무리 (   ).

4. 妹妹的字 (   ).
Mèimei de zì
여동생의 글씨가 (   ).

5. 大家都累了, 所以 (   ).
Dàjiā dōu lèi le, suǒyǐ
모두 피곤했다, 그래서 (   ).

6. 鱼 (   ).
Yú
생선은 (   ).

7. 这个地方 (   ).
Zhè ge dìfāng
이곳은 (   ).

8. 孩子（　　　　）。
Háizi
아이가 （　　　　）.

9. 那首歌很好听，我（　　　　）。
Nà shǒu gē hěn hǎo tīng, wǒ
저 노래는 듣기 좋다. （　　　　）.

10. 这个电影真无聊，我（　　　　）。
Zhè ge diànyǐng zhēn wú liáo, wǒ
이 영화는 정말 재미없다. 나는 （　　　　）.

에듀컨텐츠·휴피아
Educontents Huepia

연습문제 정답

U 2-1
1. 是 2. 姓、叫 3. 叫、是 4. 是 5. 是

U 2-2
1. 叫/是 2. 姓 叫/是 3. 是 吗 4. 不/不是 5. 是 吗 6. 姓、不姓、是、不是

U 2-3
1. 是 2. 是/吗/是/是 3. 是/不/不是/姓

U 3-1
1. 那 2. 这些 3. 这 4. 那些 5. 那
6. 这 7. 这些 8. 这 9. 那 10. 那些

U 4-1
1. 4:55 2. 6:30 3. 11:08 4. 3:58 5. 7:15

U 4-2
1. 看一个半钟头的电视、看一个半小时的电视
2. 画两个钟头的画、画两个小时的画
3. 跳四十分钟的舞
4. 骑一个多钟头的自行车、骑一个多小时的自行车

U 5-1
1. 前面 2. 下面 3. 里面 4. 旁边 5. 后面 6. 外面

U 5-2
1. 蛋糕在冰箱里面 2. 桌子在,沙发前面 3. 报纸在,桌子上面
4. 小猫在,自行车旁边 5. 沙发在,电视对面 6. 棒球在帽子和照片中间

U 6-1
1. 的时候 2. 以前 3. 以后 4. 以前 5. 的时候 6. 以后

U 7-1
1. 那是什么? 2. 我喜欢吃什么面? 3. 他打算画什么? 4.我想唱什么歌?
5. 这些是什么照片?

U 7-2
1. 哪儿都有银行 2. 小华什么都懂 3. 谁都喜欢漂亮的东西
4. 哪这家花都没开 5. 他什么蛋都爱吃

U 7-3
1. 他没(有)多少外国朋友 2. 教师里没(有)几个学生 3. 现在外面没(有)什么车
4. 那里没(有)几家商店 5. 这种手机没(有)多少钱

U 8-1
1. 这四个字怎么念? 2. 这种手机怎么用 3. 这个窗户怎么开
4. 筷子怎么拿 5. 这首歌怎么唱

U 8-2
1. 她是跟男朋友一起回去的 2. 他们是上个星期回去的
3. 他们是坐飞机回去法国的 4. 不,她是回去工作的

U 8-3
1. 他们是去做什么的? 2. 这张照片是哪里照的?
3. 他们是什么时候去的? 4. 那件衣服是谁买的?
5. 那件衣服是在哪儿买的? 6. 那是哪一年/什么时候年买的?

U 9-1
1. Smith Jason   美国、学生、打篮球

U 9-2
1. (从)(哪)(儿里国)(来)   2. (是)
3. (是)(不)(是)   4. (是)(哪)(国)人

U 9-3
1. 哪   2. ×   3. 谁   4. 谁   5. 是不是   6. 吗

U 10-1
1. 几块钱?   2. 多少根?   3. 多少钱?   4. 几枝?

U 11-1
1. 我还没喝(牛奶)   2. 小美已经回家了   3. 小明吃了十五个(饺子)
4. 他休息了三天   5. 我在北部住了六个月 我在北部住了半年
6. 你哪儿、那里，什么地方都没有去

U 11-2
1. 他已经到美国去了   2. 他去年五月买了一辆新车
3. 你们上个星期到哪里去玩了   4. 我小时候在英国住了两年半
5. 他今年去日本玩了一个多月

U 11-3
1. 小芳上个星期买了一条新裙子   2. 他们已经讲了四十几分钟(的)话了
3. 弟弟已经念了六课书了   4. 他们今天早上打了两个半小时(的)篮球
5. 大明已经喝了五杯茶了   6. 大卫上个星期请了两天假

U 12-1
1. 站着   2. 坐着   3. 躺着   4. 哭着

U 12-2
1. 想着   2. 画着   3. 写着   4. 看着   5. 拉着

U 12-3
1. 拿着篮球   2. 穿着外套   3. 戴着手表   4. 拿着皮包
5. 戴着眼镜   6. 拿着牙刷   7. 穿着长裤   8. 戴着帽子

U 12-4
1. 门口站着一些学生   2. 黑板上写着好几个字   3. 墙上挂着雨衣
4. 他在房间里躺着   5. 出租汽车在外面等着

U 13-1
1. 听过   2. 没坐过   3. 吃过   4. 爬过   5. 没见过

U 14-1
1. 会了，会开车了   2. 懂了   3. 没(有)了   4. 不爱了   5. 生病了，感冒了

U 14-2
1. 面包贵了十块   2. 瘦了五公斤   3. 多了五间
4. 苹果少了两个   5. 她高了两公分

U 15-1
1. 快(要)八点了   2. 快(要)下雨了   3. 新年快(要)到了
4. 快(要)开始了   5. 快(要)满了

U 15-2
1. 快、快要、就要   2. 快、快要、就要   3. 就、就要   4. 就、就要
5. 快、快要、就要   6. 就、就要   7. 快、快要、就要   8. 就、就要

U 16-1
1. 跳舞的   2. 画画的   3. 开车的   4. 做衣服的   5. 卖报的

U 16-2
1. 这个蛋糕是小芳做的   2. 那间房子我朋友组的   3. 我的手表是那个人偷的
4. 这个洗衣机是小华买的   5. 这本书是王大同写的

U 17
1. 圆圆   2. 辛辛苦苦   3. 健康健康   4. 干干净净   5. 慢慢
6. 矮矮胖胖   7. 饱饱   8. 安安静静   9. 旧旧   10. 清清楚楚

U 18-1
1. 他们在笑   2. 他们在打电话   3. 他们在排队
4. 他们在踢足球   5. 他们在上网

U 19-1
1. 就   2. 才   3. 才   4. 就   5. 才
6. 才   7. 就   8. 才、就   9. 就、才   10. 就、才

U 19-2
1. (下了班就回家)   2. 寄了信才要去银行   3. 换了衣服马上就去电影院
4. 打很久的电脑才 睡觉   5. 下了课，就去游泳(了)

U 19-3
1. 才   2. 就   3. 就   4. 才   5. 才

U 20-1
1. 少   2. 多、少   3. 多   4. 多   5. 多   6. 多、多

U 21
1. 快(一)点儿打扫   2. 快(一)点儿起床、起来   3. 快(一)点儿做功课
4. 快(一)点儿回答   5. 说慢一点儿   6. 跑快一点儿
7. 写快一点儿   8. 吃慢一点儿

U 22-1
1. 我们都不想吃饼干   2. 我们都没有车   3. 他们都是老师
4. 我们都不觉得冷   5. 它们都有哥哥

U 23-1
1. 到、来   2. 去   3. 在、从、到、去
4. 到、来、去   5. 从   6. 从、去

U 23-2
1. 跑到洗手间   2. 飞到树上   3. 搬到乡下   4. 回到英国

U 24-1
1. 地铁站离电影院很远   2. 银行离邮局有点儿远
3. 邮局离银行很近   4. 公园离银行不太远

U 25-1
1. 在花店工作   2. 在公院跑步   3. 在客厅看电视
4. 在动物园前面照相   5. 在电影院门口等人

U 25-2
1. 他站在沙发旁边   2. 小狗睡在窗户下面   3. 她住在我家对面
4. 小芳坐在文英和天明中间   5. 小鸟停在狗屋上面   6. 他走在我后面

U 25-3
1. 我的车停在他家前面   2. 饮料放在冰箱里面   3. 他躺在床上看书
4. 我们坐在树下吃面包   5. 一些人站在教室门口聊天

U 26-1
1. 又旧又脏   2. 又苦又难喝   3. 又安全又干净
4. 又新鲜又便宜   5. 又无聊又没意思

U 26-2
1. 他们先骑自行车再游泳   2. 明华先叫大成汉语，大成再叫明华日语
3. 小芳先寄信再吃饭   4. 他们先唱歌再跳舞

U 27-1
1. 小明一本书都/也没买   2. 我一点儿法语都/也不会说
3. 教室里一个人都/也没有   4. 他一点儿钱都/也没有 他一块钱都/也没有
5. 小芳一点儿酒都/也不能喝

U 27-2
1. 弟弟的房间一点儿都/也不脏   2. 姐姐新买的裙子一点儿都/也不贵
3. 那家餐厅做的鱼一点儿都/也不好吃   4. 这座桥一点儿都/也不危险
5. 奶奶一点儿都/也不老

U 27-3
1. 心美一喝酒，就不舒服   2. 秋华一毕业，就找到工作
3. 学生一看到老师，就安静   4. 天明一紧张，就想去洗手间
5. 文英一下课，就去图书馆   6. 孩子一哭，妈妈就着急
7. 妹妹一唱歌，爷爷就开心

U 28-1
1. 他们有的打篮球有的打棒球   2. 他们有的(在)游泳有的(在)喝饮料
3. 他一边开车一边听音乐   4. 他们有的(在)看书有的(在)休息
5. 他们一边走路一边聊天

U 29-1
1. 还是; 或者   2. 或者   3. 还是

U 30-1
1. 矮的住楼上   2. 瘦的姓林   3. 我要买圆的   4. 年轻的是我同事

U 30-2
1. 有没有长一点的、有长一点的吗   2. 有没有近一点的、有近一点的吗
3. 有没有甜一点的、有甜一点的吗   4. 有没有干净一点的、有干净一点的吗
5. 有没有新鲜一点的、有新鲜一点的吗

U 30-3
1. 比较   2. 最   3. 比较   4. 更   5. 最   6. 更

U 30-4
1. 这两杯咖啡，热的贵   2. 这两盘菜，小明的辣   3. 这两枝笔，短的新

U 31-1
1. 越来越长   2. 越来越多   3. 越来越高   4. 越来越喜欢跳舞
5. 越来越会做菜   6. 越来越不常运动   7. 越来越像她妈妈

U 31-2
1. 越穿越多   2. 越哭越大声   3. 越洗越脏   4. 越写越漂亮
5. 越走越慢   6. 越新鲜越好吃   7. 越晚越热闹   8. 越太越不听父母的话
9. 越听越喜欢   10. 越看越想睡觉

중국어 어법 가이드

초판1쇄 발행   2024년 6월 28일

저　　자　｜ **성시훈** ◆ 著

발 행 처　｜ 도서출판 **에듀컨텐츠휴피아**
발 행 인　｜ 李 相 烈
등록번호　｜ 제2017-000042호 (2002년 1월 9일 신고등록)
주　　소　｜ 서울 광진구 자양로 28길 98, 동양빌딩
전　　화　｜ (02) 443-6366
팩　　스　｜ (02) 443-6376
e-mail　　｜ iknowledge@naver.com
web　　　｜ http://cafe.naver.com/eduhuepia
만든사람들　｜ 기획 • **김수아** / 책임편집 • **이진훈 김민지 정민경 하지수**
　　　　　　 디자인 • **유충현** / 영업 • **이순우**

I S B N　　978-89-6356-448-7 (13720)
정　 가　　16,000원

이 책은 저작권법에 따라 보호받는 저작물이므로 무단전재와 무단복제를 금지하며, 책 내용의 전부 또는 일부를 이용하려면 반드시 저작권자의 서면 동의를 받아야 합니다.